AF155265

Domenico Cimarosa, Giuseppe Petrosellini

Die Italienerin zu London

Eine musikalische Oper, vorgestellt auf dem fürstl. kleinen Theater in

Braunschweig

Domenico Cimarosa, Giuseppe Petrosellini

Die Italienerin zu London
Eine musikalische Oper, vorgestellt auf dem fürstl. kleinen Theater in Braunschweig

ISBN/EAN: 9783742893802

Hergestellt in Europa, USA, Kanada, Australien, Japan

Cover: Foto ©Thomas Meinert / pixelio.de

Manufactured and distributed by brebook publishing software
(www.brebook.com)

Domenico Cimarosa, Giuseppe Petrosellini

Die Italienerin zu London

Die
Italienerin
zu London.

Eine musikalische Oper.

vorgestellt

auf dem Fürstl. kleinen Theater
in Braunschweig.

Braunschweig, 1781.

PERSONAGGI:

LIVIA Dama Genovese, sotto nome di Madmoisella Errichetta.

MYLORD ARESPINGH Amante di Livia.

D. POLIDORO PISTACCHINI, Napolitano Viaggiatore sciocco.

MADAMA BRILLANTE, e Caffettiera.

SUMERS, Mercante Olandese.

Giovani della Locanda.

Servi.

La Scena e in Londra.

La Musica è del Sign. Dom. Cimarosa Maestro di Capella Napolitano.

Personen:

Livia, eine Genueserinn, unter den Namen Dem. Errichetta.

Mylord Arespingh, Liviens Liebhaber.

Don Polidoro Pistacchini, ein Neapolitanischer reisender Hasenfuß.

Madame Brillante, Gastwirthin und Caffeeschenkin.

Summers, ein holländischer Kaufmann.

Marqueurs und Bedienten.

Der Schauplatz ist zu London.

Die Musik ist vom Hrn. Dom. Cimarosa, Neapolitanischer Capellmeister.

ATTO PRIMO.

Scena Prima.

Piazza con bottega di Caffè. Unita alla medesma vi è la Locanda con Porta pratticabile. Archi per i quali si vede il Fiume Tamigi, con Bastimenti, e Marineria in distanza.

Si vedrà Sumers a sedere da una parte leggendo la Gazzetta, dall' altra D. Polidoro bevendo il Thé. Madame Brillante dando degli ordini in Bottega, poi Mylord Arespiegh,

Sum. *Sempre guerra in questi Fogli!*
  Non si parla, che di guerra:
  Al Commercio in Mare, o in Terra
  Al Commercio io vo' pensar.
    (restituisce la Gazzetta.)
              D. Pol.

Erster Akt.

Erster Auftritt.

Ein freyer Platz mit verschiedenen Boutiquen, worunter ein Caffeehaus. An dieses stößt ein Wirthshaus, mit großem Thorwege, herrliche Schwibbögen, durch welche man in der Entfernung die Themse, Gebäude und Schiffsvolk erblickt.

Auf der einen Seite sitzt Summers und ließt Zeitungen, auf der andern D. Polidor, und trinkt Thee. Mad. Brillante ist in Wirthschaftsgeschäften, zuletzt kommt Mylord Arespingh.

Summ. Immer Krieg in diesen Blättern!
    Spricht man denn von nichts
        als Kriege:
An die Handlung will ich denken,
An die Handlung über Land und Meer.
        (wirft die Zeitungen hin.)

A 4   D. P.

D. Pol. *Sempre caldo quï ſi beve:*
Rinfreſcarmi non poſſ' io.
Dove ſei Sebeto mio;
Voglio a Napoli tornar.

(da con diſprezzo la tazza.)

Mad. *Queſti Fogli non vi piacciono?*

(a Sum.

Queſto Thè non è il migliore?

(a D. Pol.

Mi rincreſce, o mio Signore,
Mi diſpiace in verità.

a 3 *Penſa ognun, come gli pare:*
Ha il ſuo genio ſingolare
Ogni Clima, ogni Città.

(ciaſcum da ſe.)

Myl. *A che dovunque io vado,*

(Sum. e D. Pol. ſi alzano cavandoſi il
cappello, e Myl. ſi pone a ſedere.)

Ho meco il mio tormento.

Il Thè — mancar mi ſento,

Nè trovo oh Dio! pietà.

D. Pol. *Monſù che faccia meſta!*

(piano a Sum. accen. Myl.)

Sum. *E' faccia ſeria: è Ingleſc.*

D. Pol.

D. Pol. Immer hier nur warm Getränke!
Nichts ist hier sich abzukühlen!
O! wo bist du, mein Sebeto!
Ich will wieder nach Neapel.

(setzt unmuthig die Taffe hin.)

M. Brill. (zu Summ.) Diese Blätter wollen
Ihnen nicht gefallen: (zu D. Pol.) dieser Thee scheint ihnen nicht der beste:
Ich bedaure, meine Herren,
In der That es thut mir leid.
(alle 3 Jeder denkt nach seinem Kopfe;
zusam- Jede Stadt, und jedes Clima
men.) Haben ihren eignen Sinn.

(jeder für sich.)

Myl. Ach, wohin ich auch gehe, —
(Sum. und Pol. stehen auf und grüßen ihn,
der sich auf einen Stuhl wirft.)
überall trag' ich meine Marter mit. —
Thee! — — Ich vergehe, und o
Gott, niemand erbarmt sich meiner.

D. Pol. (zu Sum. indem er auf den Myl. zeigt.)
Haben sie je ein so trauriges Gesicht gesehen:

Sum. Es ist das Gesicht eines ernsten Man-
nes, eines Engländers.

A 5

Pol.

D.Pol. *Che diavol di paese,*
    Quì non si ride mai.

Sum. *E voi ridete assai*
    Con somma inciviltà.

D. Pol. *Non serve io vò discorrerci,*
    Vò andarmene più in là.
                 (s' avvicina a Mylord.)

Myl. *Chi siete, che bramate?* (con disprezzo.)

D.Pol. *Oh niente perdonate*
        (temento, e scostandofi a Myl.)

Mad. *Prenda —*
Myl. *Non voglio thè.*
Mad. *Ma l' ha richiesto —*

Myl. *E' vero:*
    Tenete.
              (dand. del den.)

D.Pol. *(Quanto è fiero.)*
Mad. *Una ghinea? perche?*
Myl. *L'incomodo, che ho dato.*
D.Pol. *Che Uomo indiavolato.*
             (piano e Mad.)

Mad. *Mesto da vero egli è.*

        a 4.

Sum. ⎡ *Pensa, sospira. e tace.*
D.Pol. ⎢ *Quel cor non vive in pace.*
Mad. ⎨ *Si lasci in libertà.*
Myl. ⎣ *Penso al mio caro bene.*
    In mezzo alle sue pene
    Di me, che mai dirà.

                      Sum.

D. Pol. Welch verwünschtes Land, wo man
niemals lacht!

Sum. Und sie lachen nur allzuviel und un-
bescheiden.

D. Pol. Hier hör' ich nichts, was mir gefällt; ich will auf diese Seite gehn.

(naht sich zu den Myl.)

Myl. (verächtlich.) Wer sind sie: Was beliebt:

D. Pol. O nichts, ich bitt' um Verzeihung.

M. Brill. Hier Mylord.

Myl. Mag keinen Thee!

M. Brill. Aber sie foderten ja welchen?

Myl. Wahr! — hier nehmen Sie.

(giebt ihr Geld.)

D. Pol. (vor sich.) Welch ein trotziger Kerl!

M. B. Eine Guinee? Wofür?

Myl. Für die Mühe, die ich Ihnen gemacht.

D. Pol. (heimlich zu Brill.) Das ist ein ver-
teufelter Bursche!

M. B. Er ist im ganzen Ernst betrübt.

Alle viere.

Sum. ⌠Er ist tiefsinnig, seufzt und schweigt.

D. Pol. ⎮In dem Herzen wohnt kein Friede!

M. B. ⎮Lassen Sie ihm seine Freyheit.

Myl. ⌊An mein liebes Mädchen denk' ich
Ach was mag bey allem Trübsal
Sie wohl von mir denken?

Sum.

Sum. Un poco di giudizio
  Signor D. Polidoro.

D.Pol. Son tre giorni,
  Da che noi ftiamo infieme allaLocanda,
  E mi parlate fempre di giudizio:
  Quefta è infolenza, è feccatura, è vizio.

Myl. (Voler che io fpofi a forza
  Quell' odiofa Miledi, e che mi fcordi
  Della mia Livia? Ah troppo
  Barbaro Genitore.

Mad. Favorifcano:
       (a Sum. e D. Pol.)

  Anche quefta mattina
  Voglion pranzare a Tavola rotonda?

Sum. Come volete.
     (Mad. entra in Bottege.)

D.Pol. Ma il giudizio a parte:
  Io voglio ftare allegro, far de' falti,
  Voglio dir qualchè motto, qualche fale,
  Qualche freddura —

Sum. Nò farefte male.

D.Pol. (E' male ftare allegro?
  Con queft' Inglefi io fchiatto.)

Myl. (E fe perfifte
  Il Padre nell' impegno?)

D.Pol. (Fuma il Monte Vefuvio, ci fon guai.)
    (guardan. attentamente Myl.)

Sum. Avete vifta mai
  Madmiofelle Errichetta?
      (piano a D. Pol.
       D. Pol.

Sum. Ein wenig mehr Nachdenken Polidor!

D. Pol. Drey Tage wohnen wir in dieſem
Wirthshauſe zuſammen, und immer pre=
digen ſie mir von Nachdenken vor.
Das iſt Inſolenz, Schererey, Laſter.

Myl. Zu wollen, daß ich mit Gewalt dieſe
verhaßte Lady heyrathe und nicht mehr
an meine Livia denke? Ach! grauſamer
Vater! das heißt zu viel gewollt.

M. B. Darf ich fragen meine Herren ob ſie auch
dieſen Mittag an einem runden Tiſch
zuſammen ſpeiſen wollen?

(zu Sum. und D. Pol.)

Sum. Wie ſie wollen.

D. Pol. Aber nichts weiter von Nachdenken
geſprochen, das bitt ich. Ich will ver=
gnügt ſeyn, mich luſtig machen und mei=
ne Einfälle und Schnaken nicht wieder
hinter ſchlingen.

Sum. Dabey würden ſie ſehr übel thun.

D. Pol. Iſt denn was übels, wenn man vergnügt
iſt. Ich ſpaße mit dieſen Engländer.

Myl. Und was dann zu thun. wenn mein Va=
ter vom Handel nicht abgehen will?

D. Pol. (Der Veſuv raucht ſchon: Das wird
übel werden:)

(ſie ſehen den Mylord aufmerkſam an.)

Sum. Sagen ſie mir, haben ſie bereits Ma=
demoiſell Errichette geſehn?

(heimlich zu D. Pol.)

D. Pol.

*D.Pol.*Il Ciel voleffe
 N* ho una curiofità — corpo di Bacco —
 Dicon, ch' è tanto bella —
       (*con trafporro.*)

Sum. E' virtuofa :
 Va ftimata — giudizio — ho de gli
     affari —
 Ci rivedremo.
    (*cava l' Orelogio con collera.*)

D. Pol. Buon viaggio.

Sum. Servo.
     (*a Myl. cavand. il capp.*)

Myl. Vi riverifco

*D.Pol.*E fempre col giudizio,
 Quefta è foverchieria : m' ammazzerò,
 Mi getterò dentro il Tamigi.
    (*avvicinandofi nel trafporto dell' ira*
     a Myl. fenza avvederfene.)

Myl. Andremo
 Infieme, fe volete.

*D.Pol.*Infieme? Dove?

Myl. A gittarci dal Ponte
 Dentro il Tamigi.

D.Pol. (Io burlo,
 E quefto fa dà vero.) Signor mio
 Ripenfateci meglio,

Myi, Ma afcoltate.
 Che difgrazia è la mia. Siete Italiano?

*D.Pol.*Partenopeo,
       Myl.

D. Pol. Wollt's der Himmel! ich möchte vor
Ungeduld vergehn — zum Henker; —
alle Welt sagt: sie sey so schön?

       (heftig bewegt.)

Sum. Und tugendhaft. Jedermann schätzt sie
hoch. Nachdenken, mein Herr! — ich
habe noch etwas zu thun; aufs Wieder-
sehn.

      (sieht nach der Uhr.)

D. Pol. Viel Glück auf den Weg.

Sum. Mein Herr ich empfehle mich.

   (zu Myl. indem er den Huth abnimmt.)

Myl. Ihr Diener.

D. Pol. Immer kommt er mit seinem Nachdenken angestochen? — das ist nicht aus-
zuhalten: ich will mich umbringen, ich
will in die Themse springen.

   (nähert sich, da er dieses sagt, ohne es
     zu merken, dem Mylord.

Myl. Wenn sie Lust haben, mein Herr, so
können wir mit einander gehen.

D. Pol. Mit einander? wohin denn?

Myl. Auf die Brücke, um hinunter, in die
Themse zu springen.

D. Pol. (Was bey mir ein Einfall war, ist bey
ihm ganzer Ernst.) Lieber Herr überlegen
sie's erst noch einmal.

Myl. Aber hören sie nur, wie mirs unglück-
lich geht. — — Sind sie ein Italiener?

D. Pol. Von Neapel.

        Myl.

Myl. Mi fido: torno appena
Da Genova qui in Londra.
Richiamato dal Padre, che il crudele
Mi fpedifce all' iftante
Alla Giammaica.

D.Pol. Oh diavòlo!
Verfo Turchia?

Myl. Sbagliate.
La Giammaica è in America,
Nel nuovo Mondo.

D.Pol. Appunto.
Quefto volevo dire. Io l'ho veduto
Il Mondo nuovo. (A Napoli
Si vede in ogni piazza.)

Myl. E non potei,
Come avevò penfato, alla mia Diva
In Genova tornar.

D.Pol. Vi compatifco,
Pavero galant' uomo si anch' io pur
troppo,
Amo come una beftia.

Myl. Ma non farà si bella
Quella ch' amate, come Livia mia.

D.Pol. Oh è bella, é bella, è una galanteria,
(Ma non l' ho mai veduta.)

Myl. E adeffo vuole
Il Genitor tiranno,
Che Miledi Lindane
In quefti giorni io fpofi.

D. Pol.

Myl. Nun gut! so hören sie. Kaum lange ich auf Befehl meines Vaters, der mich von Genua zurückruft, hier in London an, so schickte mich der Grausame nach Jamaika.

D. Pol. O verwünscht! hin nach der Türkey?

Myl. Wo denken sie hin? Jamaika liegt in Amerika, in der neuen Welt.

D. Pol. Schon recht. Das wollt ich eben sagen. Ich kenne die neue Welt, ich habe sie gesehen. (In Neapel ist sie auf allen Marktplätzen zu sehn.)

Myl. Ich konnte also nicht, wie ich meiner Geliebten versprochen, nach Genua zurückkehren.

D. Pol. Ich bedaure sie, armer Freund, — ich weiß davon zu sagen und möchte vor Liebe rasend werden.

Myl. Aber so schön wie meine Livia wird ihre Gebieterin nicht seyn.

D. Pol. O! sie ist schön, unvergleichlich schön, ein wahres Kleinod, aber noch habe ich sie gesehn.

Myl. Und nun will mein Tyrann von einem Vater, daß ich binnen kurzen Mylady Lindana heyrathe.

B   D. Pol.

D.Pol. Non vi piace?
La fpofo io —

Myl. Che pazzo!

D.Pol. Grazie alla fua bontà.

(*lafciandolo paffeggiando fmania.*)

Myl. Genova cara.

D.Pol. Napoli faporita.

Myl. Dove lafciai il mio ben, l'idolo amato.

(*fmaniando torna a federe appogia-
to ad un Tav.*)

D.Pol. Dove tutto fi vende a buon mercato.
Cappita! bel paefe:
Quì non fi deve ridere,
Quì non fi parla mai, quì tutto è caro:
Quì dicon, ch'io fon pazzo:
E di più v'è il coftume
Di cercar gente, per buttarfi a fiume.

(*par.*)

SCENA II.

Livia dal portone della Locanda anneffa al
Caffè, con alcuni ricami in mano Mylord, cha ora fi pone a leggere alcuni
fogli, or agitato entra in Bottega e fi-
nalmente s'avanza, e incomincia a
guardar con attenzione Livia.

Liv. Straniera abbandonata
Pavento ad ogni paffo

E miro

D.Pol.Gefällt sie ihnen nicht? wohl! ich nehme sie —

Myl. Das ist ein ganzer Narr!

D.Pol.Bin ihnen verbunden.

(dreht sich um.)

Myl. Geliebtes Genua!

(geht wild in der Stube herum.)

D.Pol. Liebliches Neapel.

Myl. Wo ich mein ganzes Glück, meinen angebeteten Abgott gelassen habe.

(wirft sich mit Heftigkeit in einem Stuhl.)

D.Pol. Wo alles so wohlfeil ist. O ein herrliches Land! hier wird weder geredt noch gelacht; hier ist alles theuer, hier sagt man; ich sey ein Narr, und was noch mehr ist, hier sucht man sich Gesellschaft, um sich in einen Fluß zu stürzen.

Zweyter Auftritt.

Livia, mit einiger Stickerey in der Hand, vor der Hausthüre des am Caffeestehenden Wirthshause, Mylord der bald einige Zeitungsblätter zu lesen anfängt, bald mit Heftigkeit in das Caffeehaus geht und endlich hervorbüht une Livia aufmerksam betrachtet.

iv. Fremd und verlassen.
Zittr' ich bey jeden Schritt,

Und

E miro in ogni faſſo
Scolpito il Traditor.

Per ricercare un empio
La patria oh Dio! laſciai —
Ah non t' aveſſi mai
Mai conoſciuto amor.

Myl. (Cieli — che volto! che beltà!

Liv. Ridotta
A viver col lavoro
Delle mie mani, con roſſor, con tema,
Dal vicin Mercadante vado io ſteſſa
A riſcuoterne il prezzo — ma che
                                  vedo? —
Non è quegli Mylord? ora v'intendo,
Palpiti del cor mio.)

Myl. (Ahi quanto a Livìa s'aſſomiglia, oh
                                  Dio

Liv. E' dunque ritornato.
                          (*accoſtandoſi un poco.*)
Dalla Giammaica.   Indegno!
                          (*ſenza guardarlo.*)
Dunque ſei quì.

Myl. Poſſibile
Che tanto s'aſſomigli?

Liv. (Ah il modo aveſſi
Di vendicarmi.)

Myl. (Freme, s'arroſſiſce:
Forſe le ſpiace, ch'io lo guardi.)

                                  Liv.

Und sehe in jedem Steine
Des Verräthers Bildniß.

Um einen Treulosen aufzusuchen
Verließ ich, o Gott, mein Vaterland;
Ach Liebe! hätte ich nimmer,
O! nimmer dich gekannt!

Myl. (Himmel! was für ein Gesicht, welche
Schönheit!)

Liv. (So weit herunter gebracht, daß ich
mein Leben durch meiner Hände Arbeit
erhalten muß, geh ich mit Furcht und
Beschämung zum benachbarten Kaufmann, um mir diese Stickerey bezahlen
zu lassen — aber was sehe ich? — Ist
das nicht Mylord? Armes Herz, nun
versteh' ich dein Pochen.)

Myl. (Gott! wie sehr, meiner Livia ähnlich.)
(indem er sich ihr etwas nähert.)

Liv. So ist er dann aus Jamaika zurück!
Nichtswürdiger hier find ich dich wieder?
(ohne ihn anzusehn.)

Myl. Ists möglich so viele Aehnlichkeit!

Liv. Ha! nun kann ich mich rächen.

Myl. Sie ist unwillig und erröthet. Vielleicht
mißfällt's ihr, daß ich sie so ansehe.

B 3　　　　　　　　　　**Liv.**

Liv. L'empio
Dubita, e ſi confonde.)

Myl. Livia — (ah che ſtolto io ſon, non mi
riſponde.

Liv. Sarà meglio ch'io parta:
Vuò che provi egli ancor
L'iſteſſa pena, che provai fin, ora.
(traverſando la ſcena parte con diſprezzo.)

SCENA III.

*Mylord, poi Madama che eſce dalla
Bottega.*

Myl. O io ſon pazzo, o quella e Livia —
In Londra —
In quell' Abito? — A cara,
Adorata Madama.
*(a Mad. con traſporto, vedendala
uſcir dalla Bottega.)*

Mad. A me.

Myl. Voi ſola,
Sì voi ſola potete
Render la pace a queſto Cor.

Mad. Signore
Se diceſte davero

Mad. Sì: lo giuro,
Parlo con tutto il ſenno.

Mad. (Ma vedete
Che fortuna hò trovata in un'iſtante.)
. Signor,

Liv. Der Treulose ist voll Zweifel und Be-
stürzung

Myl. Livia — (ach ich Thor, sie antwortet
mir nicht.)

Liv. Lieber will ich mich entfernen, und o!
möchte er doch nur auch alle Qualen emp-
finden, die ich bis auf diese Stunde
empfunden habe.
(geht mit einer verächtlichen Mine
über's Theater.)

Dritter Auftritt.

**Mylord Arespingh, sodann Madam
Brillante, die aus dem Caffeehäusgen
kömmt.**

Myl. Entweder habe ich meinen Verstand
verlohren, oder dies war Livia — aber
in London, und in dieser Kleidung? —
ach liebste, beste Madam!
(geht auf Mad. Brillante, die aus dem
Caffeehäusgen kommt.)

M. B. Kann ich ihnen womit dienen?

Myl. Sie, und niemand als nur Sie, können
meinen Herzen die Ruhe wieder geben.

M. B. Ist's Ernst oder Scherz?

Myl. Bey Gott! es ist mein ganzer Ernst.

M. Brill. (Das nenn ich doch ein unver-
muthetes Glück.) Wenn sie also verliebt

Signor, fe fiete amante;
Spofatemi —

Myl. Che dite: — oibò — volevo,
Che mi rendefte conto
Di quella foreftiera —

Mad. (Son finite le nozze, buona fera.)

Myl. Ditemi è Genovefe.

(conaria.)

Mad. Signor nò:
E di Marfiglia.

Myl. E hà nome?

Mad. Madamoifelle Errichetta.

(come fopra.)

Myl. (Come diavolo
Affomigliarfi tanto! io m'impazzifco
Non dev'efler — non è —) cara tenete.
Godetevi per me quefte monete.

(parte.)

SCENA VI.

*Madama Brillante, poi Sumers, indi
D. Poldoro.*

Mad. Per non farlo inquietare
Prendo quefte ghinee, ma un altra
volta
Non ci fi avvezzi: il diavolo
M'avea dato ad intendere —

Sum. Madama.
Una grazia defidero.

(con ferietà.)
D. Pol.

sind, mein Herr, nun gut, so heyrathen sie mich).

Myl. Was sagen sie? — o! weh! ich wollte nur von Ihnen der Fremden wegen Auskunft haben. —

M. Brill. (Gute Nacht, Heyrath! damit war's aus.)

Myl. Sagen sie mir, ist sie aus Genua?

M. Brill. Nein, mein Herr, aus Marseille.

Myl. Und heißt?

M. Brill. Errichette.

Myl. (Was Teufel! ihr so ähnlich zu sehen! ich möchte rasend werden. Nein! sie solls nicht seyn — sie ists nicht.) Da, liebe Madam, nehmen sie diese Kleinigkeit. (giebt ihr Geld, und geht ab.)

Vierter Auftritt.

Mad. Brillante, Summers, D. Polid.

M. Brill. Um ihn nicht böse zu machen, muß ich diese Guinen nehmen, aber Gewohnheit muß es nicht werden: der Teufel hatte mir eingegeben. —

Sum. Madam, ich habe mir eine Gefälligkeit von ihnen zu erbitten, (pathetisch.)

D. Pol.

D.Pol. Madama.
  Se voi non m'aiutate —

Mad. Purch'io poſſa — ſpiegatevi, parlate,
  (Uno di queſti due
  M'amaſſe almen.)

Sum. Sentite.   *(tirandola a parte.)*
  Ho della ſtima grande
  Per una donna.

Mad. Non è amore?

Sum. E'ſtima:
  Ma tacete.

D.Pol. Aſcoltate.
    (ritirandola a parte come ſop.)
  Amo furioſamente
  Una Donna, ma zitta.

Mad. (Non ci è male.
  Se uno mi ſtimaſſe,
  M'amaſſe l'altro —

Sum. Andiamo: *(a Madama.)*
  Hò piacere di vederla.

D.Pol. Conducetemi
  A mirar quel bel Sole.

Mad. Piano un poco
  Di chi intendete voi. Lei di chi parla!

D.Pol. Io parlo d'Errichetta.
  Di quella foreſtiera.

Sum. D'Errichetta io favello.

          Mad.

D. Pol. Wenn sie mir nicht beystehen, Madam —

M. Brill Wofern ich nur im Stande bin — erklären sie sich, meine Herren, reden sie. (Wenn nur wenigstens einer von diesen beyden in mich verliebt wäre.)

Sum. Sie müssen wissen, daß ich für ein gewisses Frauenzimmer große Hochachtung empfinde.
(indem er sie auf die Seite zieht.)

M. Brill. Sollt' es nicht Liebe seyn?

Sum. Es ist Hochachtung; aber verrathen sie mich nicht.

D. Pol. Hören sie Madam, ich liebe ein Mädchen zum unsinnig werden; aber still —
(indem er sie auf die Seite zieht.)

M. Brill. Es wäre nicht übel, wenn der eine Hochachtung, der andere Liebe für mich hätte. —

Sum. Lassen sie uns gehn, ich möchte sie gern sehen. (zu Mad. Brill.)

D. Pol. Kommen sie, führen sie mich zu meiner Sonne.

M. Brill. Nur gemach. Von wem reden sie, mein Herr? und von wem sie?

D. Pol. Ich rede von Mademoisell Errichette, von den fremden Mädchen.

Sum. Ich meyne Errichette.

M. Brill.

Mad. (Son rimaſta di nuovo in ſul più bello.)
    Signori non temete.
    Laſciate far (Per bacco! ora mi vendico
    Del lor ardir.) Dirò —
D.Pol. Brava, Madama: (*con impazienza.*)
    Seguitate —
Mad. Dirò, che voi —   (*a Sum.*)
Sum. Braviſſima,
    Tirate innanzi.
D. Pol. E bene?
Sum. E così?
Mad. Dirò dunque;
    Giacchè così volete
    Che un pazzo voi, (*a D. Pol.*) che un
        ſeccator voi ſiete. (*a Sum.*)

   (*Madama parte ridendo Sum. e D. P. riman-*
    gano per qualche tempo ſtupidi, guardan-
    doſi l'un l'altro. Finalmente D. Pol. co-
    mincia a ridere, e Sum.)

Sum. Coſa ci entra queſto riſo   (*s'inquieta.*)
    Sardonico ſguajato.
    Per cagion voſtra anch'io fui maltrattato.
D.Pol. Hò della ſtima grande
    Per una Donna oh Dio! —

    (con ſerietà affettata contrafacendo Sum.
       indi ridendo.)

Sum. Le beffe ad un par mio.
    Deridermi così.
D.Pol. Una ri — ſa — ta ſola —
       (ſeguitando a ridere.)

                  Sum.

M. Brill. (Da geh ich abermal leer aus.) Nur frisch, meine Herren, lassen sie mich machen. (Wetter! ich will mich an den Unverschämten rächen.) Ich werde sagen —

D. Pol. Brav, fahren sie fort.
(mit Ungebuld.)

M. Brill. Ich werde sagen, daß ihr
(zu Summers.)

Sum. Brav, Madam, nur weiter!

D. Pol. Nun?

Sum. Was denn?

M. Brill. Ich werde also sagen, weil sie's nun einmal so wollen, meine Herren, daß sie ein Narr sind, (zu D. Pol.) und sie ein Grübelkopf.

(Mad. Brill. geht mit Gelächter ab, Sum. und D. Pol. sehen einander eine Weile betroffen an, D. Pol. fängt endlich zu lachen an, und Sum. sieht verdrüßlich aus.)

Sum. Was soll hier dies Sardinische freche Gelächter? Ihrentwegen habe ich mir so übel mitspielen lassen müssen.

D. Pol. Ich empfinde für ein gewisses Frauenzimmer viel Hochachtung.
(pathetisch, um sich über Summers lustig zu machen, darauf lachend.)

Sum. Spaaßt man mit einem Mann, wie ich? lacht man den aus?

D. Pol. Es ist ja bloß zum Lachen.
(immerfort lachend.)

Sum.

Sum. *Questa è una bricconata.*
D.Pol. *Non più, che una risata* —   (ridendo.)
Sum. *Andate via di qui.*

           (smoderatamente.)
D.Pol. *Amico* — *io schiatto* —
Sum *Oh Diavolo!*
    Finitela.
D.Pol. *Non posso.*
    ]   *Il riso mi si è mosso* —
    ]a 2. *Lasciatemi sfogar.*
Sum.]   *Ho mille furie indosso*
    ]   *Mi sento divorar.*

       (parte Sum. inquietato a D. Pol. ridendo.)

SCENA V.

Sala nella Locanda Livia indi Madama.

Liv.   **N**on vedo ancor Madama
      Avvertir la vorrei,
      Ch' hò veduto Milord.
Mad. Ah Signorina
      Ridete: tutti cercano
      Tutti braman vedervi —
Liv.   Cara amica
      Hò gran nuove da darti
      Hò visto con quest' occhi quel crudele,
      Di Milord Arespingh.
Mad. Lui proprio.   *(con gran pretesto.)*
Liv. Lui.

                   Mad.

Sum. Es ist eine Hundsfütterey.

D.Pol. Nichts weiter als ein Gelächter.

(lachend.)

Sum. Gleich packen sie sich. (zornig.)

D.Pol. Freund, ich scherze.

Sum. Gleich packen sie sich. Zum Teufel,
Herr, hören sie einmal auf.

D.Pol. Ich kann nicht

zusammen. { D.Pol. Ich bin nun einmal im Lachen,
Lassen sie mich auslachen.

Sum. Von tausend Furien getrieben,
Fühl' ich mein Herz zernagt.

(beyde gehen ab, Sum. voll Unmuth, und
D. Pol. mit Lachen.)

Fünfter Auftritt.
Saal im Wirthshause.
Livia, und darnach Mad. Brillante.

Liv. Noch läßt sich Madam nicht sehen. Ich
möchte ihr gar zu gerne sagen, daß ich
den Mylord gesehen habe.

M.Brill. Ich bringe ihnen was zu Lachen, liebes Mädchen, alle möchten sie gerne sehen.

Liv. Beste Freundin, ich habe ihnen große
Neuigkeiten mitzutheilen, ich habe mit
diesen meinen Augen den Grausamen, den
Mylord Arespingh gesehen.

M.Brill. Was, ihn selbst?

Liv. Ihn selbst. Mad.

Mad. Indegno! è ritornato
  Dall' America dunque.
Liv. Son due anni,
  Che il crudel mi lafciò —
Mil. Si: mel dicefte
  Richiamato dal Padre.
Liv. Vengo in Londra
  Da Genova mia Patria,
  Con un vecchio mio Servo —
Mad. Non avendo,
  Più nuove dell' ingrato —
Liv. E trovo oh Dio!
  Che l' indegno è partito,
  Per la Giammaica —
Mad. Ed ora
  E' tornato, e ftà qui? l'uccido certo,
  Se non vi fpofa — che briccone —
     bafta —
  Ricercherò, domanderò — Cofpetto —
  Povera Dama —
Liv. Ah quanto
  Ti fon tenuta — in queft' ampleffo —
Mad. Eh via,
  Mi volete far piangere.
Liv. Ti devo.
  Qualche fomma, ma un giorno —
Mad. Ecco la cafa,
  La locanda, me fteffa —
  Voi fiete la Padrona — Vomini indegni,
          i   Vomi-

M Brill. Der Unwürdige, er ist also aus Amerika zurück?

Liv. Zwey Jahre sinds nun, daß der Grausame mich verlassen hat. —

M. Brill. So sagten sie mir. Sein Vater hätte ihn zurück gerufen.

Liv. Mit einem alten Bedienten, den ich hatte, verließ ich Genua, mein Vaterland, und gieng nach London. —

M Brill. Vermuthlich weil der Undankbare nichts weiter von sich hören ließ.

Liv. Und da ich ankam, finde ich, o Gott! daß der Treulose nach Jamaika gegangen ist — —

M Brill. Und nun ist er zurück, und ist hier? wenn er sie nicht heyrathet, so bringe ich ihn um — was für ein Betrüger! schon gut. — Ich will so lange suchen und fragen — zum Henker — armes Mädchen. —

Liv. O was bin ich ihnen für Dank schuldig. Mit dieser Umarmung — —

M. Brill. Hören sie auf, sie machen sonst, daß ich weine.

Liv. Meine Rechnung, die ich ihnen schuldig bin, macht nun auch schon etwas aus, aber der Tag wird kommen —

M. Brill. O! schalten sie mit meinem Hause, mit meiner Wirthschaft, mit mir selbst nach Gefallen — Unwürdige Männer,

C

Män-

ATTO PRIMO.

Vomini fenza fede. Ah che pur troppo
Fui burlata ancor io: un Giovinetto
Biondo, vezzofo, bello
Bello, come l'amore;
Lo fcoperfi alla fine un traditore.

Modefto mi guardava
Il caro mio biondino
Ah furbo foprarfino,
Forfe chi sà penfava
Ad ingannarmi allor.

M' amate, io gli dicea:
Ah cara io peno, io moro.
Chi è la voftra Dea,
Voi fiete, mio Teforo.
Quando mi fpofarete.
Doman, fe voi volete,
E quefta fera ancor.

Le nozze erano pronte:
Conviti, Fefte, e Balli:
Gli Amici, il Parentato —
Ma il mio biondino amato
Bel bel fe ne fuggì.

Oh donne miferabili
A quefti amanti perfidi
Non dite mai di sì.

Luna-

Männer ohne Treu und Glauben. Ach!
auch mich habt ihr zum besten gehabt.
Mich liebte einmal ein blonder Junge,
einnehmend von Gestalt, und schön wie
der Liebesgott, am Ende erfuhr ich, daß
es ein Verräther war,

Er sah mich so bescheiden an,
Mein lieber blonder Junge;
O! der verschlagne Bube,
Wer weiß, kann er nicht eben
Auf Mittel, mich zu hintergehn.
Liebst du mich? fragt ich ihn,
„Ach! Geliebte, ich brenne, ich
sterbe vor Liebe,
Nenne mir deine Göttin!
„Das bist du, mein Leben "
Wenn willst du mich heyrathen?
„Morgen, wenn du willst,
„Und lieber noch diesen Abend."
Zur Hochzeit war alles bereitet,
Schmauß, Gastmahl und Tänze.
Meine Freunde und Verwandten—
Aber mein lieber blonder Junge
Machte sich gar fein aus dem
Staube.
O! ihr armen Mädchen
Diesen treulosen Freyern
Gebt niemals euer Jawort.

Mon=

Lunatici, bisbetici
Volubili, frenetici
Si fi ci fate piangere
Voi fol la notte, e il di.

(parte.)

SCENA VI.

Livia, e Monf. Sumers.

Liv. **A**h quanto fon tenuta
All' amor di coftei — ma fe non erro
Vien l' Olandefe — prefto
Ritiriamoci —
   (*vuol entr. nel la fua camera.*)
Sum. Come!
Io vengo e voi partite?
   (*levand il cappel.*)
Liv. Le Donzelle
Debbon ftar ritirate.   (**con modeft.**)
Sum. Ma non con tutti:
Io fono onefto.
Liv. E' vero:
Ciafcun vi loda.
 (*Sum. prende una fedia e fi pone a federe.*)
Sum. Dunque.
Non fuggite, e fedete: io leggo intanto,
Voi lavorate, che mal ci è?
  (*cava un libro, e fi pone a leggere.*)
Liv. Ubbidifco
Giacchè così volete.
  (*fi pone a federe e cava il lavoro.*)
      Sum.

Mondsüchtige, Grillenfänger,
Flattergeister, Rasende
Ja ihr macht, daß wir weinen,
Ihr allein, Nacht und Tag.

(geht ab.)

Sechster Auftritt.

Livia und Summers.

Liv. Wie sehr bin ich nicht dieser Frau für ihre Liebe verbunden. — Aber wenn ich nicht irre, so kommt da der Holländer — — geschwinde will ich mich fortmachen — — (will in ihr Zimmer gehn.)

Sum. So? wenn ich komme, so gehn sie? (den Huth abnehmend.)

Liv. Mädchen wie ich, müssen eingezogen leben. (sittsam.)

Sum. Aber ich gehe mit allen rechtschaffen um.

Liv. Das ist gewiß; auch lobt sie jedermann. (Summers nimmt einen Stuhl, und fängt an zu lesen.)

Sum. Laufen sie also nicht fort, sondern setzen sie sich: ich lese unterdessen, sie arbeiten; Ist da was Böses dabey? (er liest.)

Liv. Wenn sie so befehlen, so gehorche ich. (setzt sich, und nimmt ihre Arbeit zur Hand.)

C 3 Sum.

Sum. Mi par bella
Più di quel che credevo.
                    (*le dà una guard.*)
Liv. (M'afficura   (*e feguita a leggere.*)
L'oneftà fua.)
Sum. ,,Nella virtù fi trova   (*legge.*)
Ogni ricchezza,, Voi che fiete favia,
Onefta, e virtuofa
Sarete ricca.
Liv. Non mi manca nulla.
Snm. (Quefta è la prima Donna
Che penfa bene,) fono ricco anch'io
Difponete di me.
Liv. Non ho bifogno.
Sum. (Che virtù, che oneftà!)
Liv. (Son per l'empio ridetta in povertà.)

SCENA VII.

Mylord, e detti.

Myl. Si tenti tutto, per veder, s'è quella —
Cieli! che miro!
                    (*s'avvicina.*)
Liv. (Oh incontro!)
Myl. Riverifco.
                    (*Myl. a Sum.*)
Sum. (Queft Uomo, fe non erro,
L'ho veduto altre volte) Accommo-
datevi.
                    Liv.

Sum. Sie kömmt mir noch schöner vor, als ich geglaubt hatte.

(giebt ihr einen Blick, und liest weiter.)

Liv. Seine Rechtschaffenheit beruhigt mich.

Sum. „In der Tugend ist aller Reichthum zu finden" (liest.) Sie, die sie verständig, ehrbar und tugendhaft sind, müssen reich seyn.

Liv. Ich habe keinen Mangel.

Sum. (Hier finde ich das erste Frauenzimmer, das gut denkt,) auch ich bin reich, schalten Sie über mich!

Liv. Ich habe nichts nöthig.

Sum. (Welche Tugend, welche Ehrbarkeit.)

Liv. (Durch jenen Treulosen bin ich in diese Armuth gerathen.)

Siebenter Auftritt.

Mylord und Erstere.

Myl. Ich muß alles versuchen, um zu erfahren, ob sie es ist — — Himmel was seh ich!   (nähert sich.)

Liv. (Wie geschieht mir?) —

Myl. Ich mache ihnen mein Compliment.

Sum. (Den habe ich, wo mir recht ist, bereits wo gesehn.) Setzen sie sich.

(zum Mylord.)

Liv.

Liv. Signor con fua licenza.

Sum. Seguitate
A lavorar: che fretta?

Myl. (Se quefta non è Livia e qual farà?)
(*fiede.*)

Liv. (Non v'è moftro peggior di crudeltà!)

Myl. Madmoifelle potrei
Saper chi fiete?

Liv. I fatti miei non dico
A un Foreftier, che non conofco.
(*fenza mai alzar gli occhi.*)

Myl. Eppure
Io credo di conofcervi.

Liv. E' fuperfluo
Dunque che il domandiate.

Sum. (Gran rifpofta:
Gran Donna!)

Myl. E credo ancora
Sapere il voftro nome.

Sum. (Oh me ne rido:
Non lo fa: non fa niente.)
(*ridendo.*)

Myl. Signor, perchè ridete?

Sum. Io rido, piango:
Faccio quel che mi pare.

Myl. Ma fapete
Chi fono?

Sum. Siete un Uomo.

Myl. Son Mylord Arefpingh.

Sum. Una gran cofa.

Liv.

Liv. Mein Herr mit ihrer Erlaubniß.

Sum. Arbeiten sie immer fort: was haben sie denn zu eilen?

Myl. Wenn das nicht Livia ist, wer kann sie immer seyn.) (setzt sich,)

Liv. (Ein größeres Ungeheuer von Grausamkeit giebts nicht!)

Myl. Darf ich fragen, Mademoisell, wer sie sind?

Liv. Meine Angelegenheiten sage ich keinen Fremden, den ich nicht kenne.

(ohne ein Auge auf ihn zu wenden.)

Myl. Gleichwohl glaub' ich, sie kennen zu sollen.

Liv. In dem Fall ists überflüßig mich erst zu fragen.

Sum. Eine gescheite Antwort. ein gescheites Frauenzimmer!

Myl. Und ich glaube noch dazu ihren Nahmen zu wissen.

Sum. O! das ist zum lachen. Er weiß ihn nicht, nichts weiß er. (lachend.)

Myl. Mein Herr, warum lachen sie?

Sum. Ich lache, ich weine, ich thue was mir gefällt.

Myl. Aber wissen sie wer ich bin?

Sum. Ein Mensch sind sie.

Myl. Ich bin Mylord Arespingh.

Sum. Das ist was rechts.

Liv.

Liv. Io vado —

                           (volendo partire.

Sum. Oibò; reftate.

Myl. Taccio per Voi, nòn per colui.

Sum. Colui?

      Che mai dir pretendete
Con quel colui.   Nel Mondo
Siam tutti eguali, il merito
Ci diftingue — Colui—Se fiete nobile
Io fono onefto — ho crediti, ho con-
                tanti,
E fon noto nel Mondo ai Negozianti

Venti volte in vita mia

Fin nell' Indie fono ftato.

Dalla Cina in Barbaria

Son venuto, fon tornato,

E ogni ceto di, perfone

Mi trattò con civiltà.

A fuggire io vi coufiglio,

                      (piano a Liv.

Se vi parla mai d'amore —

(Ah la vedo in gran periglio.

Sento oh Dio, per lei pietà.)

Mio Signor non v'offendete,

Son fincri i detti miei

Vi rifpetto, fo chi fiete,

                              Ma

Liv. Ich gehe.   (will fortgehn.)

Suw. Nein doch, bleiben sie.

Myl. Ihnen zu Gefallen schweige ich, nicht um den da.

Sum. um den da? was wollen sie mit ihren den da sagen? Auf Erden sind wir alle gleich: nur das Verdienst macht den Unterschied. — Den da — Wenn sie adlich sind, so bin ich ehrlich — ich habe Kredit — ich habe Geld und die Kaufleute kennen mich in der Welt.

Zwanzigmal in meinem Leben
Bin ich bis nach Indien gegangen.
Von China nach der Barbarey
Gegangen und zurück gekommen.
Und von jeder Art von Menschen
Ward mir Höflichkeit erwiesen.
Ihnen rath ich zu entfliehn
     (heimlich zu Livia.)
Wenn von Lieb er wieder schwatzt.
(Ach ich seh sie in Gefahren
Himmel! ich bedaure sie.)
 Mein Herr seyn sie nicht unge-
halten;
Ich bin gewohnt aufrichtig zu reden.
Ich habe Respect für sie, ich weiß
   wer sie sind,

       Aber

Ma il mio cor non cambierì.
Colla voſtra nobilità.

SCENA VIII.

Mylord, e Livia, indi Madama.

Myl. (Ah ci vuol flemma), udite,
    Trattenetevi un poco, non par-
          partite.
Liv. E Voi ſiete un Mylord?
Myl. Lo ſono.
Liv. Voi?
Myl. Qual dubbio: ah Livia mia —
Liv. Madamà io credo,
             (vedendo venir Mad.
    Che queſt'uomo deliri.
    Cara amica, coſtui
            (piano a Mad.
    E' Mylord Areſpingh: per ora taci
    Non mi ſcoprir.
Myl. Che inferno!
        (vedendo che non gli dà retta
    Aſcoltatemi almeno.
Liv. In queſta guiſa
    Comincio a vendicarmi.
           (piano come ſop.
Mad. Quel Signore
    Delle ghinee? oh Furfante!
              Myl.

Aber mein Herz vertausch ich drum
nicht,
Gegen ihren Adel. (geht ab.)

Achter Auftritt.

**Mylord und Livia, nachher Madam
Brillante.**

Myl. (Dazu gehört Phlegma) ich bitte sie,
bleiben sie noch etwas; gehn sie nicht fort.

Liv. Sie sind also ein Mylord?

Myl. Ja, das bin ich,

Liv. Sie?

Myl. Warum zweifeln sie, ach! liebstes Leben. — —

Liv. Ich glaube Madam dieser Mensch ist
wahnwitzig. (indem sie Mad. Brillante
kommen sieht.) Liebste Freundin, das ist
Mylord Arespingh: (heimlich zu ihr) jetzt
schweigen sie und verrathen mich nicht.

Myl. Welche Hölle für mich! (indem er sieht,
daß sie ihm nicht recht giebt.) Hören sie
mich wenigstens.

Liv. So fange ich an mich zu rächen.

(heimlich zu M. Brill.)

M. Brill. Der Herr der so viele Guineen hat.
Der Racker!

Myl.

Myi. Si Voi fiete
  La mia Livia adorata —

Liv. Che avete abbandonata
  Forfe per altro oggetto?

Myl. Nò vi giuro:
  Lo fon — mio Padre —

Liv. Ho intefo;
  Sotto il vile pretefto
  D'un paterno comando,
  Tradifte una fanciulla:

Myl. Ma fentitemi —
  Quefta à una crudeltà — fon difperato.

Mad. Si trova in brutto ftato
  Quefto Signor, partiamo
  Madmoifelle Errichetta,

Myl. Ma poffibile?
  Dunque Livia non fiete?

Liv. Non conofco,
  Non fo chi fia coftei.

Myl. Si fiete Livia:
  Me lo dicon quegli occhj,
  Quel bel labro adorato —
  Deh permettete oh Dio!
  Che io ftringa quefta man, bell'iodol
    mio.
  (*Va per prend la deftra, e Liv. lo difcaccia.*

Liv. *Piano un poco: che infolenza,*
  Che maniera di trattare?
  Un tantino di decenza,
  Un tantin di civiltà,

Myl. Ja Sie sind meine angebetete Livia. —

Liv. Die sie verlassen haben, viellcicht nnd einen andern Gegenstand.

Myl. Nein! ich schwöre es: ich bin — mein
Vater —

Liv. Ich verstehe sie, unter den widrigen Vor-
wand eines väterlichen Befehls haben
sie ein Mädchen verrathen.

Myl. Aber hören sie mich nur — — das ist
doch grausam — — ich bin voll Verzweiflung.

M. Brill. Der Herr befindet sich in einem
schlimmen Zustande, lassen sie uns fortgehn Mademoisell Errichette.

Myl. Wäre es möglich? sie sind also nicht
Livia?

Liv. Die kenne ich nicht und weiß nicht wer
sie sey.

Myl. Ja, sie sind Livia, mir sagens diese Augen, dieser schöne angebetete Mund.
Ums Himmelswillen erlauben sie schön-
ster Abgott, daß ich diese Hand fasse.
(greift ihr nach der Hand, welche Livia
wegzieht.

Liv. Etwas gemach, bitt ich. Was ist
das für eine Unverschämtheit, was
für eine Aufführung? ein bischen
mehr Anstand, ein bischen Höflichkeit.

Der

Par che smanj l'infelice,

(a Mad.)

Vorrei dirgli oh Dio! chi sono
Ma non merita perdono
La sua nera infedelità.

Faccia pur queste finezze

(a Myl.)

Alla sua tradita amante.
E' infedele, ed incostante,

(piano a Mad. come sop.)

Pur in sen mi parla amore —
Che tremore oh Dio! che palpiti
Il mio cor sentendo và.

(parte.)

SCENA IX.

Mylord e Madama.

Myl. Ah ditemi Madama,
  E' Livia il mio tesor? non lo negate.
Mad. Livia? voi v'ingannate.
Myl. Nò non m'inganno è quella.
Mad. Madmoiselle Errichetta ella si chiama.
Myl. Conoscer non dovrei quella che s'ama?
  Ah questa è crudeltà; perchè non sente
  Almen le mie discolpe? — io smanio, io
fremo
E son quasi ridotto al passo estremo.

(parte.)
SCE-

Der Arme scheint ganz ausser sich.

(heimlich zu Mad. Brillante.)

O Gott! Wie gern' entdeckt' ich mich!
Aber seine schwarze Untreue
Ist keiner Verzeihung werth.
Er mag nur diese Höflichkeiten
Seiner verrathnen Geliebten bezeigen.
Er ist untreu und unbeständig.

(heimlich zu Mad. Brillante.)

Und doch spricht noch Liebe in mei=
nem Herzen
(O Gott welch Zittern! welches
Pochen empfindet mein Herz.

(geht ab.)

Neunter Auftritt.

Mylord, hernach Mad. Brillante.

Myl. Ach! sagen sie mir Madam, ist Livia
mein Schatz? läugnen sie mir es nicht.

M. Brill. Livia? da irren sie.

Myl. Nein ich irre nicht. Sie ists.

M. Brill. Diese hier heißt Mad. Errichette.

Myl. Die ich liebe sollte ich nicht erkennen?
Ach das ist Grausamkeit; warum will
sie nicht wenigstens meine Entschuldi=
gungen anhören? Ich bin ausser mir,
ich wütze, und bin aufs äußerste ge=
bracht. (geht ab.)

D   Zehenter

SCENA X.

Madama, poi D. Polidoro.

Mad. T'ha da coſtar ben caro
L'indegno tradimento, ma ſen viene
Don Polidoro, l'unico,
Che mi diverte un poco: con coſtui
Per bizarria, per chiaſſo
Prendermi voglio un tantinel di
ſpaſſo.

D. Pol. Dunque non è poſſibile,
Veder la foreſtiera?

Mad. Non ſi può:

D. Pol. La ſua camera è aperta.

Mad. Ma non ci ſi entra.

D. Pol. E' dunque
Una Donna proibita?

Mad. E' onorata,
E non tratta neſuno.

D. Pol. Ma a vederla
Che male vi farà?

Mad. Verrebbe meno,
Se un Uome la guardaſſe.

D. Pol. Queſta è una malatia di prima claſſe.

Mad. A voi che ſtimo tanto
Paleſerò un ſegreto;
Ma tacete di grazia.

D. Pol. Ah ſi Madama
Parlate, su parlate, paleſatemi
Queſto ſegreto.

Mad.

Zehenter Auftritt.

Mad. Brillante, hernach D. Polidor.

M. Brill. Deine unwürdige Verrätherey kommt dir theuer zu stehen, aber, da sehe ich den D. Polidor, den einzigen, mit dem ich mich noch etwas vergnüge: mit ihm will ich zum Zeitvertreibe mir einen Spaß machen.

D. Pol. Es ist also nicht möglich die Fremde zu sehn?

Mad. Brill. Das geht nicht an.

D. Pol. Ihr Zimmer ist doch nicht verschlossen?

M. Brill. Aber man darf nicht hinein.

D. Pol. Ist sie denn ein verbotnes Frauenzimmer?

M. Brill. Sie ist ein ehrbares Frauenzimmer und nimmt niemanden an.

D. Pol. Aber sie nur sehn, was kann das schaden?

M. Brill. Sie würde verlieren, wenn sie eine Mannsperson ansähe.

D. Pol. Das ist eine Krankheit vom ersten Range.

M. Brill. Ihnen, den ich so hoch schätze, will ich ein Geheimniß eröffnen; aber schweigen müssen sie.

D. Pol. O ja Madam, reden sie nur, reden sie, und entdecken mir dies Geheimniß.

M. Brill.

Mad. Io credo, che v'adori
    Madmoifele Erricheta: fpeffo fpeffo
    So che vi viene intorno

D. Pol. Intorno a me? Son cieco forfe?

Mad. Ha l'arte
    Di non farfi vedere, e di fparire
    Ogni volta che vuol.

D. Pol. Cappita! ho intefo;
    E'dunque ftrega il mio teforo?

Mad. Oibò.
    V' è la pietra Elitropia;
    Che invifibile rende ogni perfona,
    Chi la tiene ben chiufa, e ftretta in
              mano.

D. Pol. Dite: è pietra di foffo, o di pantano?

Mad. E' una pietruzza nera,
    Una fpecie di breccia: fe ne trovano
    Speffo nel mio giardino.

D. Pol. Oh pietra più gentil del peperino!
    Si fi ti cercherò.

Mad. Ehem —

        (*fing. toffire, e fa sen. a D. Pol.*)

D. Pol. Cos' è?

Mad. Madmoifelle fta qui.

D. Pol. Invifibile?

Mad. Certo, io ne ho gran pratica:
    Or vi bacia la mano.

                        D. Pol.

M. Brill. Ich glaube daß Mademoisell Errichette sie heftig liebt, und sehr oft, weiß
ich, ist sie um sie.

D. Pol. Um mich? bin ich denn blind?

M. Brill. Sie besitzt die Kunst sich unsichtbar
zu machen, und so oft sie will zu verschwinden.

D. Pol. Verwünscht! nun verstehe ichs. Meine Gebieterin ist also eine Hexe.

M. Brill. O nicht doch! der Stein Helitrop
genannt, hat die Kraft jedermann unsichtbar zu machen, der ihn in der Hand
verschlossen hält.

D. Pol. Sagen sie mir, sucht man ihn, im
trocknen oder Wassergraben?

M. Brill. Es ist ein schwarzes Steingen, eine
Art Kieselstein; nicht selten findet man
sie in meinem Garten.

D. Pol. O ein Stein der Goldes werth ist.

M. Brill. Nun wohl. — —

(thut als ob sie hustete, und macht
D. Pol. ein Zeichen.)

D. Pol. Was giebt's?

M. Brill. Mademoisell ist hier.

D. Poll. Unsichtbar?

M. Brill. Freylich, ich hab' Erfahrung darin-
nen: Eben küßt sie ihnen die Hand.

D 3 D. Pol.

D. Pol. A me? carina

        (*figurand. di parlare cau liv.*)

   Non permetterò mai — dite, la bella

   Sta di quì, o di qua?

Mad. Sulla finiftra.

D. Pol. Anima mia —

Mad. Or è paffata a deftra.

D. Pol. Anima mia, deh lafcia,

    Che fulla bianca mano anch'io ti dia

    Indegnamente quattro baci, come

    Facefti tu fin' ora

Mad. (Piu caro pazzo io non ho vifto ancora.)

D. Pol. Damni la mano, oh bella.

    Che fofptrar mi fa.

    Che mano tenerella

       (figurand. tener Liv. per mano.

   Che bella mano o Dio.

   Io manco, io moro già.

   Madama, l'idol mio

      (a mad. che accen. dal altra parte.)

   Sta quì o fta di quà?

    Belliffima invifibile

   Almeno fofpirate;

    Toffite chiachierare —

   Dite una parolina

  (a mad che accen. or da una par. or da un
    alt. e D. P. cor. avan. e indi etc.

   Carina per pietà.

             | *E adef-*

D. Pol. Mir die Hand? — O mein Engel
(als ob er mit Livia redete.) das werde
ich niemals zugeben — sagen sie mir, wo
steht die Schöne, hier oder da?

M. Brill. Auf der linken Seite.

D. Pol. Mein Seelgen —

M. Brill. Jetzt ist sie auf der rechten.

D. Pol. Liebstes Leben gestatte doch, daß auch
ich auf deine weisse Hand vier Küsse drü
cken darf, wie du eben gethan hast.

M. Brill. (So einen lieben Narren habe ich
noch niemals gesehn.)

D. Pol. Deine Hand, liebes Mädchen!
Nach der ich seufze — —
Was für ein zartes Händchen
(thut als ob er ihre Hand hielte.)
Himmel, welch ein schönes Händchen!
Mir vergehn die Sinne;
Ich werde ohnmächtig, ich sterbe.
Madam, mein Abgott, wo steht er?
(zu Mad. Brill. die auf die andre Seite weist.)
Auf dieser oder jener Seite?
Meine schönste Unsichtbare
Seufzet wenigstens einmal
Hustet, plappert doch ein bißchen
Sagt nur ein Wörtchen,
(zu Mad. Brill. welche bald auf eine, bald auf
die andere Seite zeigt, und D. Pol. läuft bald
vor, bald rückwärts.)
Meine beste aus Mitleid.

E adesso dove sta?
Mio sole — sta qui?
Mia luna — sta lì?
Mia stella più là?
Mio core — più quà?
Mio sole, mia luna.
Mia stella mio cuore —
Mi gira la testa;
Son tutto sudore:
Che pena è moi questa?
Che gran crudelità.

(parte.)

SCENA XI.

Madama, Monf. Sumers, Mylord.

Mad. Gli voglio ben, mi piace
La fua femplicità. che bel profitto
Col girar egli ha fatto!
Poco ci vuol, perch'ei divenga
matto.

*(nell' entrar in una delle camere s'incont.
con Sum.)*

Sum. Tenete
Mad. Che cos'è?
Sum. Oro, danari.

(le pref. una horfa.)

Mad. A me?

Sum.

Und wo ſteht ſie jetzt?
Meine Sonne, ſtehſt du hier?
Mein Mond ſtehſt du da?
Mein Stern, mehr auf dieſer,
Mein Herz, mehr auf jener Seite?
Meine Sonne, mein Mond,
Mein Stern, mein Herz — —
Mir wird ganz drehend,
Ich ſchwitze über und über.
Welche Marter iſt dies,
Welche Grauſamkeit!   (geht ab.)

Eilfter Auftritt.

Mad. Brillante, Summers, Mylord.

M. Brill. Ich bin ihm gut; ſeine Einfalt ge-
fällt mir. Wie herrlich hat er ſeine Rei-
ſen genützt. Viel fehlt nicht, ſo wird
er ganz ein Narr.
          (indem ſie in eine Stube gehen will, be-
                    gegnet ihr Summers.)
Sum. Da nehmen ſie.
M Brill. Was iſt das?
Sum. Gold, Gold.
          (reicht ihr einen Beutel,)
M. Brill. Mir das?

Sum, Dateli a Madmoifelle.

Mad. Che n'ha da far?

Snm. Per vivere

E'onefta; è favia; è bella.

E'indigente; io fov ricco,

Vò ajutarla.

Mad. Scufatemi

Madmoifelle Errichetta

Non ha bifogno.

Sum. Dunque

Me li ripongo,

(*la ripone in tafca.*)

Myl. Tieni.

Son ghinee, te le dono.

Mad. Ma di grazia.

(*ricufando denaro.*)

Mylord; per qual motivo?

Myl. Perchè tu parli all'Ofpite,

Alla mia Livia.

Mad. Conofcete voi

(*a Sum.*)

Quefta Livia?

Sum. Che Livia?

Io non conofco Donne.

Myl. Conofcete.

(*conaria.*)

La creduta Errichetta?

Sum. E' affai diverfa

(*cava un foglio, e fi pone a leggere.*)

Dall' altre.

Myl.

Sum. Geben Sie es der Mademoisell.

M. Brill. Was soll die damit machen?

Sum. Davon leben, sie ist ehrsam, verstän=
dig, schön und arm.   Ich bin reich, ich
will ihr helfen.

MBrill. Verzeihn sie, Mademoisell Errichette
brauchts nicht.

Snm. Wenn das ist, so stecke ichs wieder ein.

(steckt den Beutel in die Tasche.)

Myl. Da nimm diese Guineen, ich schenke
sie dir.

M. Brill. Um Verzeihung, Mylord, in wel=
cher Achsicht.

(weigert sich.)

Myl. Damit du mit der Fremden, mit Livia
redest.

M. Brill. Kennen Sie diese Livia!

(zu Summers.)

Sum. Was für eine Livia? ich kenne die Da=
men nicht.

(mit Affectation.)

M. Brill. Kennen Sie die vermeynte Erri=
chette?

Sum. Sie ist von der andern ziemlich unter=
schieden.

(nimmt ein Blatt heraus, und fängt an
zu lesen.

Myl.

Myl. Deh gradifci,

(*a Mad.*)

Accetta quefto dono; e tardi ancora?
Tu non conofci bene
Chi è Mylord Arefpingh.

Mad. Perdonate;
Non accetto denar.

Sum. Zitti afcoltate;
„In Londra il giorno fedici
„Del corrente; faranno
„Sottofcritti i Capitoli di Nozze
„Fra Mycord Arefpingh,
„E Miledi Lindane,, cosi dice
Il folito foglietto,
Che fi ftampa ogni giorno.

Mad. E poi venite
Qui da Madmoifelle? ah non lo ftrozzo
Per convenienza.

Sum. I Cavalieri dunque
Trattan cosi?

Myl. Credetemi,
E' il Padre mio, che a forza —
Vorrebbe darmi una Miledi.

Mad. Due
Volevate fpofarne?

Myl. Nò, vi giuro,
Che non v'è il mio confenfo,
Che nol farò — Sentite.

(*smaniofo.*)

Andrò

Myl. Thu mir den Gefallen und nimm dies
Geschenk an (zu Madam.) bedenkest du
dich noch? Du mußt Mylord Arespingh
nicht kennen.

M.Brill. Verzeihen sie, ich nehme kein Geld
an.

Sum. Still! hören sie „London, den sechsze=
„henten dieses, der Ehecontract zwischen
„Mylord Arespingh und Mylady Linda=
„ne soll unterzeichnet werden„ so sagt
das gewöhnliche Blatt, das täglich ge=
druckt wird.

M. Brill. Und sie können sich noch um Made=
moisell bewerben? ach! wenn sichs schickte,
ich erdroßelte ihn.

Sum. Also pflegen die Cavaliers zu handeln.

Myl. Glauben sie mir, mein Vater ists, der
mich mit Gewalt an eine Mylady ver=
heyrathen möchte.

M.Brill. Sie wollen also ihrer zwey heyra=
then?

Myl. Nein, ich schwöre es ihnen, meine
Einwilligung ist nicht dabey, und ich
werde es nicht geschehen lassen — Sehn
sie, (ganz ausser sich.) ich will zu meinen
Vater

Andrò dal Genitore,
Parlerò al Re, mi gerterò a' fuoi piedi —

Sum. Poi non farete niente.

Myl. Come? — mi maraviglio —

(*affannato.*)

Il Sovran mi conofce —
Gli narrerò il mio amor, gli ftrani e-
venti,
Saprò con lui fpiegarmi in quefti ac-
centi.

Sire, io vengo a' voftri piedi
(voltandofi verfo Sumers come fe parlaffe al Re.)
Per fpofar Livieta mia.
Ah farebbe tirannia
A rapirmi il caro ben!

(ved. Sum. cbe forride.)

Voi ridete è che ingiuftizia!
Mi fi fvelle il cor dal fen.

Caro Padre almeno voi

(volt. verf. Mad.)

La mia Livia m'accordate
Ma cos'è mi difccaciate?
Ahi che barbaro martir.
Cofpetto, cofpettone!
Si la mia Livia io voglio,
O tornerò in America,
Mi getterò da un fcoglio,
Afforderò coi gridi

Le

Vater gehn, ich will mit dem König reden, ich will mich ihm zu Füssen werfen. —

Sum. Damit werden sie nichts ausrichten.

Myl. Was? — ich muß mich wundern — (betrübt.) der König kennt mich — ich will ihm die Geschichte meiner Liebe und meiner sonderbaren Verhängnisse erzehlen. Auf folgende Art will ich meine Unterredung eröfnen,

Sire, ich werfe mich zu ihren Füssen

(kehrt sich zu Summers, als ob er mit dem König redete.)

Um meine Livia heyrathen zu dürfen.

Ach! mir meine Liebste zu rauben!

Sie lachen? welche Ungerechtigkeit?

(sieht daß Summers lacht.)

Man reißt mein Herz mir aus dem Leibe.

Zum wenigsten sie, liebster Vater,

(kehrt sich zu Mad. Brillante.)

Gewähren sie mir meine Liebe.

Aber was? sie stoßen mich von sich?

Grausame Marter!

Blitz und Wetter!

Meine Livia will ich haben?

Oder ich gehe wieder nach Amerika

Ich will mich von einem Felsen herab stürzen

Mit meinen Klagen will ich betäuben

Die

Le fpiaggie, i monti, i lidi,
E il Padre, e il Re tiranno
Dovranno innorridir. parte,)
      (dopo effer ftati alquanto penfierofi.)
Mad. Che ne dite? vi pare
    Poffa effere innocente?
Sum. Di quefti affar non me n'intendo niente.
      (vanno via per parti diverfe.)

SCENA ULTIMA.

Giardino con fedili ruftici, varj alberi
fparfi, ed ifolati.

D. Polidoro, poi Livia, indi tutti
a fuò tempo.

D. Pol. **L**'*Elitropia vo' cercando.*
    Ch' è una pietra bruna bruna;
    Se la trovo, che fortuna!
    Quante burle ch' io farò.
    Ma Mylord non è quello?
    Polidoro fta in cervello.
    Con un matto a folo a folo
    Nò davero io non ci ftò.

      (procura di nafconderfi fra gli alberi
        facendo capolino.
Myl. *Avvilitó difperato*
    Ah che in vano io mi confolo.
    Son ridotto in uno ftato

                  Che

Die Ebnen, die Berge, die Ufer,
Und der Vater und der tyrannische
Ronig
Sollen erzittern.

(geht ab, nachdem er eine Weile
nachdenkend da gestanden.)

M. Brill. Was sagen sie dazu? Glauben sie
nicht, daß er unschuldig seyn könne?

Sum. Auf solche Sachen verstehe ich mich
ganz und gar nicht.

(gehn von verschiedenen Seiten ab.)

Letzter Auftritt.

Garten mit ländlichen Bänken und ein-
sam stehenden Bäumen.

D. Pol. Livia, sodann alle zu ihrer Zeit.

D. Pol. Den Helitrop suche ich, der ein
braunes, braunes Steingen ist.
Wenn ich's finde, o! wie glücklich!
was will ich damit für Spaß machen. Aber kommt da nicht Mylord?
ach! Polidor sey gescheit. Mit einen
Narren allein zu seyn? nein! in
Wahrheit, das ist meine Sache nicht.

(will sich hinter die Bäume verstecken.)

Myl. Ganz niedergeschlagen und ver-
zweiflungsvoll such ich umsonst mich
zu trösten. Ich befinde mich in ei-

E   nem

Che far tutto oh Dio vorrei,
E che farmi oh Dio non so,

(paſſeggiando con atti di diſperatione.

D. Pol. (*Se l'ho detto : è matto, e matto*
Per prudenza io me ne vò.)

(mentre vuol fuggire è veduto da Mylord.

Myl. *Coſa fai, dove t'inoltri? —*
Vieni quà — la ſpada è queſta:
Una botta leſta leſta
Dammi in petto, io vò morir.

(gli preſenta la ſpada sfoderata.

D. Pol. *Come ?*

(tremando gli dà a forza la ſpada.)

Myl. *Sbrigati, che affanno!*
Tu mi devi il ſen ferir.

D. Pol. *Ma Signor m'appicheranno.*

Myl. *Non m'importa.*

D. Pol. *Importa a me.*

Myl. *Per finezza, Amico mio, —*

D. Pol. *Per finezza? —*

Myl. *Livia, o Dio!*
Non ho core di vederla.

(veden. venir Liv.)

Sarà meglio ch'io men vada,
Che rivolga altrove il piè.

D. Pol.

nem Zuſtande in dem ich alles unternehmen wollte, und doch, o Gott!
gegen mich nichts unternehmen kann.
(geht ganz verzweifelt herum.)

D. Pol. Sagt ich's doch! der Kerl iſt ein
Narr, und aus Klugheit will ich
mich lieber auf die Seite machen.
(während daß er fliehen will, wird ihm
Mylord gewahr.)

Myl. Was machſt du? wo willſt du hin —
tritt her — da, nimm meinen Degen und gieb mir einen Stoß in die
Bruſt! ich will ſterben.
(reicht ihm den bloßen Degen.)

D. Pol. Wie das? (dringt ihm zitternd den
Degen wieder auf.)

Myl. Mach hurtig, o! welcher Jammer!
ſtoß mir den Degen durch die Bruſt.

D. Pol. Aber, man wird mich aufhenken
mein Herr,

Myl. Das verſchlägt mir nichts.

D. Pol. Aber wohl mir!

Myl. Erzeige mir die Gefälligkeit, liebſter
Freund.

D. Pol. Die Gefälligkeit?

Myl. Livia, o Gott! ich habe nicht das
Herz ſie anzuſehn, (indem er Livia kommen ſieht.) beſſer iſts ich gehe und wende mich anders wohin.

E 2 D. Pol.

D. Pol. *Ehi, Signore la sua spada:*

     (correndo gli appresso.)

  Non la voglio, tenga quì.

Liv. *Dunque è sposo di Miledi?*
  Traditore, ingannatore.
  E perchè dovrò più vivere,
  Se ogni speme oh Dio! finì.

D. Pol. *E' fuggito come il vento.*

     (torna colla spada in mano.)

Liv. *Cosa tenti, cosa vuoi?*
  Tu ministro sei di morte?
  Vieni, vieni: oh bella sorte!
  Mi ferisci per pietà.

D. Pol. *(Ecco l'altra:) Ma Signora.*

Liv. *Vibra il colpo in tua malora.*

D. Pol. *Che son forse diventato*
  L'uccisor della Città?

Liv. *Ah non reggo – Ahi crudo fato:*
  Io mancar mi sento già.

    (si pone a sedere mezza svenuta.)

D. Pol. *Gente — Ajuto —*

Mad. *Cos' avvenne?*

  Signorina — Traditore —

    (a D. Pol. minacciandolo.)

  Colla spada —

D. Pol. *Niente affatto —*
  E venuto un certo matto —

       Mad.

D. Pol. Heda! mein Herr ihren Degen!
ich mag ihn nicht, da nehmen ſie ihn.
(indem er ihn nachläuft.)

Liv. Er iſt alſo ein Bräutigam von Milady?
Verräther, Betrüger! und warum
ſoll ich länger leben, o Gott; wenn
ſelbſt die Hofnung endet.

D. Pol. Er flohe wie ein Wind davon.
(kommt mit den Degen in der Hand zurück.)

Liv. Was willſt du machen, was iſt dein
Vorhaben? Biſt du ein Diener des
Todes? komm, komm! o glücklicher
Zufall! habe Mitleiden mit mir und
tödte mich.

D. Pol. Die auch? — Aber Madam —

Liv. Mache! ſag ich, und ſäume nicht länger.

D. Pol. Bin ich denn darzu auserſehn, die
ganze Stadt zu ermorden?

Liv. Ach! ich halte mich nicht länger.
Grauſames Schickſal — meine Kräfte
verlaſſen mich.
(ſetzt ſich halb ohnmächtig nieder.)

D. Pol. Herbey! Hülfe!

M. Brill. Was giebts? — Mamſell —
Verräther was? mit dem Degen?
(mit drohender Stimme, zu D. Pol.)

D. Pol. Nicht das geringſte — da kam
ein gewiſſer Narr —

E 3　　　　　M. Brill.

Mad, *Via coraggio, Signorina —*
 Colla spada —
(come sopra.)

Liv. *Me meschina!*
 Perchè vivo, perchè mai —
Mad. *Ah briccon la pagherai.*
(come sop.)

D. Pol. *Ma la spada non e mia —*

Mad. *Presto, presto andiamò via —*
 Poi fra noi si parlerà.
(a D. Pol.)

Liv. *Ah che il cuor non ha più pace,*
 E più reggere non sà.
Mad. *Ah crudel tu sei capace*
 Di maggior iniquità.
(pardono.)

D. Pol. *Ah fortuna tu lo sai*
 Quest imbroglio come va.
 Spada indegna vanne al diavolo:
(getta la spada.)

 Me meschin — sono innocente —
 Ecco i sbirri — cosa fo?

(guardando dappertutto intimorito.)

 Zitto zitto, piano piano,
 Chiotto chiotto su quest'albero
 Qnalche cosa scoprirò.

Sum, *Ho Intefo un chiasso· un strepito,*
 Non fo che mi pensar.
  Qui tutto è fuor di regola,
 Qui tutto è in iscompiglio —

Fug-

M. Brill. Kourage, Mamsell — Mit dem Degen! (wie vorher.)

Liv. Ich Unglückliche! warum lebe ich noch!

Mad. Wart, Racker! du sollst dafür büßen. (wie vorher.)

D. Pol. Aber es ist ja nicht mein Degen.

M. Brill. Geschwind, geschwind lassen sie uns fortgehn — Wir wollen hernach darüber sprechen. (zu D. Pol.)

Liv. Ach! mein Herz hat keinen Frieden mehr, und weiß sich nicht mehr zu fassen.

M. Brill. Grausamer du mußt noch grösserer Bosheit fähig seyn. (gehn ab.)

D. Pol. Du weißt es, Schicksaal, wie diese Sache zugegangen ist. Verwünschter Degen, geh zum Teufel. (wirft ihn auf die Erde.) Ich zittre am ganzen Leibe — ich höre Leute kommen — Ich Unglücklicher! ich bin unschuldig. Da kommen die Häscher — was fange ich an? (sieht sich allenthalben furchtsam um. Still, still, auf diesem Baum werd' ich doch sehn was es giebt.

Sum. Ich habe ein Geräusch gehört, ein Gelärm und weiß nicht was ich davon denken soll. Hier geht alles unordentlich, alles durch einander —

E 4   Besser

Fuggiam da tal periglio
Io vado a paffeggiàr,
 Ma oh Ciel che spada è quefta?
Forfe qualcun · Che importa?
Rompanfi pur la tefta,
Che io me ne riderò!

       (parte ridendo.)

D. Pol. *Io tremo, e quefto ride?*

        (fcendendo.)

 Se ride, è fegno buono.

       (piano piano.)

 Ah! che un vigliàcco fono,
Nò che tremar non vuò.

    (accoftandofi verfo il fedile, dove
     ftava Livìa.

 Sedeva in quefto loco
Svenuto il mio bel foco —
Forfe potria tornare —
Si sì voglio incocciare,
E in quefto luogo iftefso
Sedendo io canterò.

      (fi pone a federe.)

 „*E più d'un ora che fei afpettata;*
 „*Lafciati un po' vedere, o gioja bella;*
 „*Nò non temere, che ti ftrilli Tata,*
 „*Che Mama ti farà la fentinella,*
 „*La fentinella e ba —*
 „*Errichetta è l'amato mio bene,*
 „*Che gran pene provare mi fa,*

        Mad.

Beſſer fern von der Gefahr; ich will
einen Spaziergang machen. Aber,
o Himmel, was iſt das vor ein De=
gen? Vielleicht daß jemand — doch
was gehts mich an? Sie mögen ſich
den Kopf zerbrechen, ich will drüber
lachen? (geht lachend ab.)

D. Pol. Ich zittre und dieſer lacht. indem
er ſachte herunter ſteigt.) Wenn er lacht,
ſo iſts ein gutes Zeichen. Was ich
doch für ein elender Kerl bin! Nein
ich will nicht zittern.

(nähert ſich der Bank wo Livia geſeſſen hatte,)
Auf dieſer Bank ſaß meine in Ohn=
macht geſunkene
Schöne. Vielleicht kömmt ſie wieder,
Ja, ich will mich anſtrengen,
Und an dieſem Ort ſelbſt ſingen
(ſetzt ſich.)
„Länger als eine Stunde warte ich
nun deiner.
Laß dich ein bischen ſehen, ſchöner
Edelſtein!
Fürchte nicht, daß dein Vater zanke,
Daß deine Mutter dich bewache;
Die Schildwache iſt —
„Errichette iſt mein geliebter Schatz,
„Die mir viel Qualen verurſacht.

Mad. *Signor lei se la canta*
Con questa ilarità?

D. Pol. „*La sentinella e ba* —
„*Voi furbetta, non siete Errichetta,*
„*Me ne vado lontano di quà.*

(vuol part.)

Mad. *Ma lei non partirà.*
Uccider Madamina
Ucciderla perchè ?

(si vede di nuovo compar. Myl.)

D. Pol. *Lei sbaglia Signorina;*
Io con la spada in mano —

Myl. *Mostro crudel, Villano*
Tu uccidere il mio bene?

(avazandosi dopo aver raccolta la spada,
che stava in ter.

D. Pol. *Ma piano un poco piano:*
Or vi dirò cos' è —

Myl. *Nò mori traditore* —

Sum. *Indietro mio Signore,*

(cav. una pistol.)

Myl. *Indietro voi* —

D. Pol. *Soccorso.*

Mad. *Povera casa mia*
La vonno rovinar.

Sum. *Questa è soverchieria,*
Che modo di trattar.

D. Pol.

N.Brill. Und ſie können hier noch ſo vergnügt ſitzen und ſingen?

D.Pol. „Die Schildwache iſt vor —
„Ihr verſchlagne Diebin ſeyd nicht
Errichette
„Ich will alſo weiter gehn.

(will fort.)

N. Brill. Aber ich laſſe ſie nicht fort.
Mamſell umbringen zu wollen? Sie
umbringen? und warum?

(Mylord läßt ſich wieder ſehn.)

D.Pol. Hie ſind ganz irrig, Madam; Ich
mit dem Degen in der Hand —

Myl. Grauſames Unthier, Schändlicher!
Du wilſt meine Geliebte umbringen?

(nachdem er den auf der Erde gelegenen
Degen aufgehoben.)

B.Pol. Nur ſachte, ein bischen ſachte, und
ich will ihnen gleich erzehlen wie die
Sache war.

Myl. Nichts! — ſtirb, Verräther.

Sum. Zurück, mein Herr!

(zieht ein Piſtol hervor.)

Myl. Zurück, ihr, ſage ich —

D. Pol. Hülfe!

M. Brill. Mein armes Haus! Sie wollen
es zu Grunde richten.

Sum. Das iſt niederträchtig einen ſo über-
vortheilen wollen.

D. Pol.

D. Pól. *Ajuto, gente, ajuto*
Mi vogliono ammazzar.

Myl. *Mori non ferve a niente,*
Ti voglio trucidar.

D. Pol. *Ma lei sbaglia mio Signore*
Ma l'affare non è quefto.
Or vi dico lefto lefto
Tutto il fatto come va.

Liv. *Fermate, io bafto, io fola* —

(con gran rifoluzione agli altri.

Milord una parola:
Non ftute a contraftar.
Leggi indegno quefta carta.

Myl. *Sì ch'è mia* — *la vedo* — *è quella.*
Ah perdona, o Livia bella —

Liv. *La promeffa attendi indegno.*

Myl. *Sì vedrai* — *ma il Padre* — *oh Dio!*
Chi m'uccide per pietà.

D. Pol. *Se volete, ch' io v'ammazzi,*

(a Myl.)

Siete a tempo mio Signore.

Mad. *Sì vedrà, fe avete onore.*

(a Myl.)

Sum. *Sì vedrà, fe fiete Inglefe.*

Liv. *Il mio torto fi faprà.*

Myl.

D. Pol. Hülfe! lieben Leute! Hülfe! man will mich umbringen.

Myl. Stirb! es hilft nichts, ich will dich ermorden.

D. Pol. Aber sie sind ganz unrecht mein Herr, das war die Sache nicht; Sogleich will ich ihnen hintereinander sagen, wie die ganze Sache zugeht.

Liv. Haltet ein, das kann ich alleine ausmachen — (mit Entschlossenheit zu den andern) Ein Wort, Mylord: streiten sie nicht weiter. Da Nichtswürdiger, lies dies Blatt.

Myl. Ja ich hab' es geschrieben — ich erkenne es — es ist eben das. Ach! verzeihe, meine schöne Livia —

Liv. Halt nun dein Versprechen Nichtswürdiger!

Myl. Ja! du sollst's sehn — aber mein Vater — o Gott! wer hat Mitleiden mit mir und tödtet mich?

D. Pol. Wenn sie wollen daß ich sie umbringen soll, mein Herr, so kommen sie mir zu gelegener Zeit. (zum Mylord.)

M. Brill. Man wird's sehn ob sie ein Mann von Ehre sind.

Sum. Man wird sehn ob sie ein Engländer sind. (zum Mylord.)

Liv.

Myl. *Ah miobene —*
Liv. *Vanne infido.*

(*piangaudo.*)

Mad. *Che ingrataccio!*
Sum. *Che vergogna.*
D. Pol. (*Perchè adeſſo che biſogna,*
    Inviſibil non ſi fa?
Mad. *Non temete, Madamina.*
Sum. *Ci ſon io per voi Madama.*
D Pol. *Io per bacco vi proteggo.*
Myl, *Piange Livia! ah più non reggo:*
  Empio amor che crudeltà.

T U T T I.

  Son qual Nave in mar turbato;
Fra l'orror della tempeſta:
Suſurrar il nembo ìo ſento;
Creſce l'onda, creſce il vento,
E piu ſpeme il cor non ha.

Fine della Prima Parte.

═══════

Liv. Man solls erfahren, daß mir Unrecht geschehen ist.

Myl. Ich mein Leben —

Liv. Geh! Ungeheuer.   (weinend.)

M. Brill. Welcher Undankbare!

Sum. Welche Schande!

D. Pol. Warum macht sie sich jetzt nicht unsichtbar, da es Noth thäte?

M. Brill. Fürchten sie nichts, liebe Mamsell.

Snm. Rechnen sie auf mich, Mamsell.

D. Pol. Ich, beym Geyer, ich will ihr Schutz seyn.

Myl. Livia vergießt Thränen! Ach länger kann ich mich nicht halten. Ruhlose Liebe, welche Grausamkeit.

Alle.

Ich bin ein Schif, das auf ergrim-
    ten Meere
Durch grausenvolle Stürme schwimt;
Ich höre schou die Wolken brausen;
Die Woge steigt, der Wind erwacht
Und leer von Hofnung, zagt mein
    Herz.

Ende der ersten Handlung.

———

Zweyte

ATTO SECONDO.

SCENA I.

Appartamenti terreni nella Locanda.

Mylord, e D. Polidoro.

Myl. Care mura a voi d'intorno
    Sempre sempre io girerò.

Mad. Lei, Signor fa qui ritorno.
    Con qual faccia io non lo so.

Myl. Tu nemica ancor mi sei?

Mad. Se hò ragione lo sà lei.

Myl.   Ben fra poco si vedrà.
Mad. a 2 Non ho colpa in verità

D. Pol. Un buon pranso Madamina
    Si daver questa mattina
    Ho scialato come và

Mad. N' ho piacer

Myl. Si scosti un poco,
    Che in segreto ho da parlar

D. Pol. Parta lei da questo loco,
    Perchè io pago; e qui vuò star.

Mad.

Zweyter Akt.

Erster Auftritt.

Zimmer unten im Gasthofe.

Mylord, D. Polidor, Mad. Brillante.

Myl. Geliebte Mauern, immer, immer will ich um euch herum irren.

Mad. Brill. Mein Herr, ich begreife nicht mit welcher Stirne, sie sich hier wieder sehen lassen können.

Myl. Auch du bist meine Feindin?

M. Brill. Ob ich dazu Ursache habe, wissen sie selbst.

Myl. In Wahrheit, ich bin schuld-
M. Brill. los

Gut. In kurzen wird sich's zeigen.

D. Pol. Wahrhaftig, Madamchen, diesen Morgen hab' ich ein gutes Mahl zu mir genommen.

M. Brill. Nichts weiter —

Myl. Entfernen sie sich ein wenig, ich habe in Geheim zu reden.

D. Pol. Sie können sich hier fortmachen, weil ich bezahle, und hier will ich bleiben.

Mad. *Via Milord, è cavaliere*

(accennando D. P.)

D. Pol. *E di più Napolitano*

Myl.] *Mio cariſſimo Italiano*
Non vi ſate ſtrapazzar.

D. Pol. |a3 *Oh poter d'un Ottomano*
Vò per forza io qui reſtar.

Mad. | *Via Milord ſiate umano :*
Non lo ſtate ad ingiuriar.

Nyl. Abbiate più creanza
Caro l'artenopeo:
Altrimente vedrete

(accennando la Spada.)

D. Pol. O fervitevi pur, come volete
Mi faccio meraviglia

(ſi ſcoſta)

Mad. E compiacente
Il Signor Cavaliere

(ſorridendo.)

D. Pol. Vò fentire
Se parlan d'Errichetta, ſto lontano
(a Myl. il quale lo guarda sdegnoſo.)
Non dubitate.

Myl. Siate più cortefe,
Ve ne prego

Mad. (Che beſtia è queſt' inglefe.)
(pian piano di nuovo accoſtandoſi.)

Myl. Ho grandi appoggi in londra
Grandi amicizie — giro —

(a Mad.)

Prego,

Mad. Ruhig, Mylord, der Herr ist ein
    Cavalier.   (auf D. Pol. zeigend.)

Myl. | Mein allerliebster Italiener
    machen sie nicht, daß ich über
    sie komme.

    O! bey der Macht eines Ot-
D. Pol. | a 3 tomannen? Ich will schlech-
    terdings auf dieser Stelle blei-
    ben.

    Pfui, Mylord, seyn sie mensch-
M. Brill. | lich;
    Thun sie ihm nichts zu Leide.

Myl. Seyd manierlicher, lieber Neapolitaner:
    Sonst — seht ihr?
            (seinen Degen zeigend.)

D. Pol. O! machen sie alles nach ihren Ge-
    fallen, sie sehn, ich thue alles, was sie
    wollen.   (tritt zurück.)

M. Brill. Das ist wahr, der Herr Cavalier ist
    sehr gefällig.   (lächelnd.)

D. Pol. Ich muß hören ob sie von Errichette
    reden. (Ich stehe weit davon, zweifeln
    sie nicht. (zu Myl. der ihn zornig anblickt.)

Myl. Seyd höflicher, ich bitte euch gar sehr.

M. Brill. Ist das nicht eine Bestie, von einem
    Engländer?
       (D. Pol. nähert sich wieder gemächlich.)

Myl. Ich habe Bekannte in London, Freunde,
    die was ausrichten können (zu Mad.)

Prego, mi adopro — il matrimonio
in fomma
Con Miledi Lindane
Non feguirà, mio Padre —

D. Pol. Avete Padre.
Ci hò gufto. (Io ogni cafo
Ricorrò a lui.)

Myl. Siete un gran pazzo.
(dopo averlo di nuovo riguardato con ferietà.)

D. Pol. E' vero:
Quefta è voce commune, fama volat

Myl. Nò non fiete italiano,
Perchè italia produce uomini faggi,
Ingegni accorti, e vivi —

D. Pol. Ce ne fono de buoni, e de' cattivi:
Seguiti il fuo difcorfo.

Mad. Deh lafciatelo;
Parliamo di quelche preme

Myl. Si Madama
Son tutti in mio favor: farà decifo
Dentr' oggi il mio deftino: il genitore
Si placherà.

D. Pol. (Che paga,
Ch' ai d'aver da tuo Padre.)

Mad. Ma le gioje,
Gl' abiti fatti per la fpofa, i doni,
Gli aderenti a Miledi, i fogli publici,
Che parlano di quefto parentato?

D. Pol.

Ich gehe von einen zum andern, ich bitte,
ich versuche alles — kurz aus der Heirath
mit Mylady Lindane wird nichts werden,
mein Vater —

D. Pol. Haben sie noch einen Vater? das ist
mir lieb zu hören, (auf allen Fall wende
ich mich an den.)

Myl. Ihr seyd ein abscheulicher Narr.
(nachdem er ihn von neuen mit Ernst
angesehn.

D. Pol. Das ist wahr: das ist ein allgemeines
Wort, Fama volat.

Myl. Nein, ihr seyd kein Italiener. Italien
bringt nur verständige Männer hervor,
Leute von Genie —

D. Pol. Es giebt dort gut und schlechte, aber
fahren sie fort.

M. Brill. Lassen sie ihn gehn, ich bitte sie
darum, und lassen sie uns wieder auf ihre
Angelegenheit kommen.

Myl. Wie gesagt, Madam, alle sind für mich.
Heute noch wird mein Schicksal entschie-
den werden: Mein Vater wird sich zu-
reden lassen.

D. Pol. (Dein Vater wird dirs schon anstrei-
chen.)

M. Brill. Aber die Juwelen, die Kleider, die
die für die Braut gemacht sind, die Ge-
schenke, der Mylady ihr Anhang, die
Zeitungsblätter, die von dieser Hochzeit
reden?

D.Pol. Il Tevere, il Senato,
   Il Tamigi, il febeto; che direbbero
   Se spofando Errichetta —
Myl. Ah con coftui
   Son difperato — Addio —
           (a Mad)
   Beftia Italiana — Che deftino è il mio
           (parte.)

SCENA I.

Madama, e D. Polidoro.

Mad. Finge o dice davero? ah s'io poteffi
   Veder Livia contenta —
D. Pol. A folo a folo
   Ci parleremo.   Io beftia;
     (guardaudo verfo in Scena.)
   Beftia italiana?
Mad. E voi
   Vorrefte cimentarvi —
     (con fmorfia, e forridendo.)
D.Pol. Lo sà Napoli.
   Chi è Don Polidoro Piftacchioni:
   Al molo grande, al piccolo,
   Al largo del caftello
   Ogni giorno facea qualche duello.
Mad. Io che fon così tenera,
   Che un cane, un pollo non ucciderei
   Morirei di paura —

          D. Pol.

D. Pol. Die Tober, der Senat, die Themſe,
der Sebeto, was würden ſie ſagen, wenn
ich bey dieſer Heirath mit Errichette —

Myl. O! der macht mich ganz raſend —
Adieu — (zu Mad.) Du italieniſche Beſtie! — Welch ein Schickſal iſt das meine!
(geht ab.)

Zweyter Auftritt.

Madame Brillante, Don Polidor.

M. Brill Verſtellt er ſich nur, oder iſts ſein
Ernſt? — Ach wenn ich Livia wieder
ruhig ſehen könnte —

D. Pol. Unter vier Augen wollen wir darüber
ſprechen, (indem er gegen die Scene ſieht!)
Ich eine Beſtie, eine italieniſche Beſtie?

M. Brill. Und wollten ſie ſich wohl einen Duell
ausſetzen? (höniſch lachend.)

D. Pol. Neapel kennt den Polidor Piſtachioni,
auf dem großen und kleinen Damm, auf
dem Schloßplatz habe ich mich alle Tage
herum geſchlagen.

M. Brill. Ich, die ich ſo weichherzig bin, daß
ich nicht einen Hund, nicht ein Hündchen
todt machen könnte, ich würde für Furcht
umkommen.

F 4 **D. Pol.**

D. Pol. Via mi betterò dunque a notte ofcura,
    Quando voi non ci fiete. Dite un poco ;
    Che fa quella ragazza,
    Quella bellezza greca, anzi etiopica
    Quel pianeta invifibile : fta bene.

Mad. Sofpira : vive in pene
    Per voi.

D. Pol. (Le mie bellezze
    Fanno colpo per tutto.) Ci è pericolo
    Che per efempio adeffo
               (*piano a Madama.*)
    Sia qui d'intorno, e che mi venga ap-
        preffo.

Mad. Non credo — non mi pare —

D. Pol La potrefte chiamare.
    Farla venire un poco.

Mad. E' chiufa in camera.

D. Pol. Se aveffi quella pietra
    Da non farmi vedere, or nella ftanza
    Pian pian me n'entrarei
    E quel vago vifin vagheggerei.

Mad. Che fretta avete : vi vien fempre ac-
              canto
    Parla fempre di voi,
    V' ama, v' adora — e chi non v'ama?
              un giorno
    Poi la vedrete,

D. Pol. Bafta
    La troverò, la troverò.

                           Mad.

D. Pol. Nun gut, so will ich mich in finstrer Nacht schlagen, wenn sie nicht zugegen sind. Jetzt aber sagen sie mir einmal, was macht das Mädchen, diese griechische oder auch ethiopische Schönheit, dieser unsichtbare Planete? befindet sie sich wohl?

M. Brill. Sie seufzt und martert sich ihrentwegen.

D. Pol. Meine Annehmlichkeiten thun überall Würkung. Wer weiß, ist sie nicht vielleicht eben jetzt da und steht an meiner Seite? (heimlich zu Mad.)

M. Brill. Ich glaube nicht, es scheint nicht —

D. Pol. Sie könnten sie ja rufen und ein bißchen herkommen lassen.

M. Brill. Sie ist in ihr Zimmer eingeschlossen.

D. Pol. Wenn ich den Stein hätte, wodurch man sich unsichtbar machen kann, so wollte ich mich jetzt heimlich in ihr Zimmer schleichen und dies schöne Gesichtchen nach Lust betrachten.

M. Brill. Wer wird denn so ungeduldig seyn; Ich sage Ihnen, immer ist sie um sie, immer spricht sie von ihnen, sie liebt sie, betet sie an — und wer liebt sie auch nicht — sie werden sie schon einmal sehen.

D. Pol. Genung! ich werde sie finden, werde sie finden.

M. Brill.

Mad. Badate.

Ancorchè la troviate;
Fingete non vederla. Ah fe fapefte,
Quanto è mai vergognofa —
Non vuol che le fi parla —

D. Pol. Mà perchè
Difcorre con Milord, e non con me?

Mad. Perchè l'odia: le donne
Fanno tutto al rovefcio, e per inten-
derle
Voi vi dovete in mente figurare,
Tutto al contrario ognor di quelche
pare.

Voi vedrete in una fala

Una gran converfazione.

Voi vedrete più perfone

Star d'intorno a una beltà.

Mentre tutti la vagheggiano,

Quefta bella cofa fa?

C ci ci parla con quefto —

Ci ci ci fi volta a quello —

Chi le dice o vifo bello.

Chi domanda a lei pietà:

E l' Amante pvediletto

Dell' amabile vifetto,

Dite

M. Brill. Warten sie. Gesetzt auch sie finden sie, so thun sie als ob sie sie nicht sähn, ach wenn sie wüßten, wie sehr sie verschämt ist — sie will nicht einmal mit sich reden lassen —

D. Pol. Aber warum spricht sie denn mit Mylord, und mit mir nicht?

M. Brill. Weil sie ihn haßt. Wir Frauenzimmer machen alles verkehrt, und um uns zu verstehn, müssen sie allemal das Gegentheil vorstellen, was wir scheinen.

Sehen werden sie in einem Saale
Eine große Gesellschaft.
Sehn werden sie viel Personen
Um eine schöne Dame stehn.
Während daß sie alle verliebt betrachten,
Was macht die Schöne?
Jetzt spricht sie mit diesem —
Jetzt wendet sie sich zu einem andern —
Dieser lobt ihre Schönheit,
Dieser bittet um Mitleiden;
Und der begünstigte Liebhaber
Des liebenswürdigen Gesichtchen

Was

Dite un poco qual farà?
Della fala in un cantone
Stà l' amante avventurato,
Canticchiando una canzone
O affettando affar di flato;
Ne fi nolge a mirar mai
Quel bel noleo, quei bei rai,
Che a difpetto de zerbini,
Egli un di poffederà.

(Partono.)

SCENA III.

Atrio, che introduce al Giardino.

Sumers, poi Mylord.

Sum. Se le guerre non ceffano il commercio
Non riprende il fuo corfo — v' è
neffuno?
Da fumare —
Myl. Si vada,
(*ad un fervo, che fubito parte.*)
A faper qualche nuova— Ecco coftui—
E di me più felice, perchè parla
Con Livia quando vuole.
Sum. Ecco Milord
(Ah non ftà ben quella donzella onefta
Entro

Was glauben sie unterdessen, daß er
macht!
In einer Ecke des Saals,
Steht der beglückte Liebhaber,
Trillert ein Liedgen,
Oder scheint Staatssachen im Kopfe
zu haben,
Und wendet sich nicht einmal, hin
zu blicken
Auf das schöne Gesicht, auf die selt-
nen Reize
Die zum Possen der süssen Herrchen
Er eines Tags besitzen soll.
(gehn ab.)

Dritter Auftritt.

Vorhaus am Garten

Summers, Mylord.

Sum. Wenn der Krieg kein Ende nimmt, so
kann der Handel nicht wieder zu Kräften
kommen — Ist niemand da? He! eine
Pfeife Taback —

Myl. Geh; (zu einem Diener der gleich abgeht.)
und höre was es neues giebt — Siehe
da kommt dieser — Er ist glücklicher als
ich, weil er mit Livia redet so oft er will.

Sum. Da ist Mylord. (Nein in einem
Wirths-

Entro d'una locanda
Ci penferò.)
   (*Gli vien portata la pippa accefa, ed una*
   fedia.   Sum. fi mette a federe, e fenza
   guardar Mil. incomincia à fumare.

Myl. Se parlo, fe l'interrogo
   Temo di cimentarmi.

Sum. La virtù va ajutata
   Coftui è propotente —
   Potria tentare una violenza, un ratto—

Myl. Monfieur —

Sum. Buon giorno.
   (*volta appena la tefta, e fegnita come pri.*)

Myl. (E non fi muove affatto)
   Che fa la foreftiera?

Sum. Domandatelo a lei.

Myl. Voi fiete amico;
   La conofcete?

Sum. Da tre giorni.

Myl. E poi
   Livia, e non Errichetta.

Sum. Non m'importa
   Sapere il nome: è favia:
   Quefto mi baffa.

Myl. Le volete bene
   Per quel che credo.

Sum. Ho ftima
   Di fua faviezza.

Myl.

Wirthshause ist das Mädchen nicht gut aufgehoben, ich muß dafür sorgen.)

(man bringt ihm eine angezündete Pfeife und einen Stuhl, Summers setzt sich und raucht, ohne My-lord anzusehn.)

Myl. Wenn ich ihn anrede, ihn frage, so fürchte ich ihn auf dem Halse zu haben.

Sum. Der Tugend muß man beystehn. Dieser ist zu mächtig, und könnte Gewalt brauchen, sie entführen —

Myl. Mein Herr —

Sum. Guten Tag. (wendet kaum den Kopf, und raucht vor sich fort.)

Myl. (Er bewegt sich nicht einmal.) Was macht die Fremde?

Sum. Darum müssen sie sie fragen.

Myl. Sie sind ihr Freund, sie kennen sie.

Sum. Seit drey Tagen.

Myl. Und sodann, Livia, nicht Errichette —

Sum. Was gehts mich an, zu wissen wie sie heißt, sie ist verständig, das ist mir genung.

Myl. Wie ich sehe, so sind sie ihr gut.

Sum. Ich habe für ihre verständige Aufführung Hochachtung.

Myl.

Myl. E se poi fosse amore
La stima, che affettate?

Sum. Io non affetto,
Io non fingo, e se amassi lo direi;
Perchè finger non sanno i pari miei.

SCENA IV.

D. Polidoro, poi Livia in osservazione,
e detti.

D. Pol. Adesso vò in giardino
A cercar l'Elitropia — oime che
vedo!
Monsù con quel Milord?

Myl. Avvicinatevi.
(vedendo D. Polidoro.)
Se volete sapere al vostro solito
Il fatti altrui
(Sum. si alza a render la' pip.)

Sum. Giudizio vè lo detto,
Già cento volte.
Già cento volte.
(piano a d'Polidoro.)

D. Pol. Amico.
Tutto fiato spregato,
Perchè il giudizio in Londra se n'è
andato.

Sum. Mi pareva, Milord, che voi doveste
Parlare al Padre, al Re —
(con una specie d'Ironia.)

Myl.

Myl. Und, wenn nun die Hochachtung, die sie vorgeben, Liebe würde.

Sum. Ich gebe nichts vor, ich verstelle mich nicht, und liebte ich sie, so würde ichs sagen, weil sie meines gleichen nicht verstellen.

Vierter Auftritt.

D. Pol, Livia, und vorstehende.

D. Pol. Jetzt geh ich in den Garten, den Helitrop zu suchen — o! was sehe ich? Monsieur mit Mylord?

Myl. Treten sie näher, (indem er den D. Pol. gewahr wird.) wenn sie ihrer Gewohnheit nach, gerne wissen wollen, was andere Leute thun.

(Summers steht auf, um die Pfeife hinzugeben.)

Sum. Nachdenken! Schon Hundertmal hab' ichs ihnen gesagt.

D. Pol. Freund, aller Athem ist umsonst, weil das Nachdenken aus London fort ist.

Sum. Es schien ja, Mylord, als ob sie mit ihrem Vater und mit den König reden wollten. (mit Ironie.)

G   Myl.

Myl. Tutto è difpofto :
Attinenze non mancano,
Ed io ne fpero nn efito felice.

Liv. (Milord è qui ? fentiam che cofa dice.)

D.Pol. (E non fa ch' Errichetta
Non ama che me fol.)

Sam. V' e qualche favio ;
Che dice, ed afficura,
Che non farete niente.

Myl. Per bacco! Chi lo dice è un infolente
Livia è il mio bene, e a cofto
Del fangue, e della vita,
Sarà mia fpofa in quefto giorno.

Liv. (Oh Dio!
Se tu lo brami, daver, lo bramo anch'
io.)

D. Pol. (Ah ah — Zitto — l'ho vifta —
E venuta per me —)

(*accorgendofi di Liv. e facendo delle ftranez.*)

Myl. Con chi l'avete?

D. Pol. Niente

(*riponendofi in ferietà.*)

Ho i moti convulfivi.

Sam. Voi per altro

(*a Myl.*)

Ancora ftate qui non vi movete.

Myl.

Myl. Alle Anstalten sind gemacht. Es fehlt nicht an Leuten die die Sache unterstützen und ich verspreche mir einen glücklichen Ausgang.

Liv. (versteckt.) Mylord ist hier? (Ich muß doch hören, was er sagt.

D. Pol. (Ha, er weiß nicht, daß Errichette niemanden als mich liebt.)

Sum. Ich wollte ihnen eine verständige Person nennen, die ihnen sagen und versichern wird, daß sie nichts ausrichten werden.

Myl. Blitz und Wetter. Wer das sagt ist ein Unverschämter. Livia ist die Meine, und Blut und Leben, will ich dran setzen, daß sie noch heute meine Braut werden soll.

Liv. (O Gott! wenn das dein Wunsch ist, so ists auch der meinige.)

D. Pol. Ach! still — ich sehe sie — mir zu Gefallen ist sie hergekommen.

> (indem er Livia gewahr wird, und Gebärden macht.)

Myl. Was macht ihr? was habt ihr?

D. Pol. Nichts, ich habe nur manchmal konvulsivische Bewegungen.

> (indem er sich wieder in eine ernsthafte Stellung setzt.)

Sum. Und sie sind gleichwohl hier, und legen keine Hand an. (zu Mylord.)

Myl.

Myl. Opran per me gli amici: lo vedrete.

Liv. Il ciel lo voglia.

D. Pol. Ah quanto,
   Quanto è vezzosa — ma son furbo —
    fingo
  Non averla veduta.

Sum. Siete pazzo.
  Amico mio? Che moti
  Che gefti, che rifate!

D. Pol. Via fon convulfion, non ci penfate.

Liv. (Quefto fciocco mi fcopre,
   Meglio è ch' io parta.

         (parte.)

Sum. In fomma,
   Milord io non vi credo,
   Non credo a i pari voftri
    (D Pol. intanto non vedendo più Liv. fa
    degl' atti di difperaz. e va cercando
    per la fcena.)

Myl. Quefto è un torto.
  È un effronto, e potrefte
  Pentirvi un giorno —

D. Pol. Dov' è andata?

        (a Myl.)

Myl. Chi?

D. Pol. Lavete vifta?

        (a Sum.)

Snm. Eh taci
  Finifcila una volta. Son prontiffimo

        Milord,

Myl. Meine Freunde betreiben die Sache für
mich, Sie werden es sehn.

Liv. Wollte es doch der Himmel!

D. Poll. Ach wie sie schön ist — aber ich bin
ein schlauer Dieb — ich thue, als sehe ich
sie nicht.

Sum. Freund sind sie ein Narr? Was sollen
denn diese Bewegungen, diese Panto-
mimen, dieses Gelächter?

D. Pol. Lassen sie's gut seyn, es sind Convul-
sionen. Geben sie nicht darauf Acht.

Liv. (Der Narre macht noch, daß ich entdeckt
werde. Besser ists ich gehe weg.
(geht ab.)

Sum. Kurz ich glaube ihnen nicht, und glaube
Leuten von ihrem Schlage überhaupt
nicht.
(D. Pol. unterdessen, der Livien nicht mehr
sieht, thut wie verzweifelt und sucht in der
Scene.)

Myl. Das ist Schimpf und Beleidigung, und
über kurz oder lang könnten sie es be-
reuen.

D. Pol. Wo ist sie hingegangen? (zu Myl.)

Myl. Wer denn?

D. Pol. Haben sie sie gesehn?
(zu Sum.)

Sum. Halt's Maul und hör einmal auf mit
Possen — Ich bin bereit, Mylord ge-

G 3   gen

Milord, quando volete, a foftenervi,
Che ingannafte quel core,
Che fiete un incoftante, un mancatore.

Vi parlo all' olandefe,
Da galant' uom favello:
Il sì dev' effer quefto,
Dev' effer quello il'nò,
Oh infamia di Partenope

(a D. Pol. che l'interrompe.)

Oh taci, o ch' io cofpetto —
(Ah merita rifpetto,
E còmmenfale, e amico —
Sdegnarmi oh Dio! non fo.)
Ella avrà un Padre in me;

(a Myl.)

E da un crudel nemico
Sì la difenderò.
O Italia miferabile.

(a D. Pol. come fopra.)

Se foffer tutti fimili —
Son pieno di furore —
Beftia di te peggiore
Nel Mondo nò non v'è.

(parte.)

SCE-

gen sie, wenn sie wollen, zu behaupten,
daß Sie dieses Herz betrogen haben, daß
sie ein Unbeständiger und Lügner sind.

Ich rede mit Ihnen auf gut hollän-
disch.
Als ein ehrlicher Mann rede ich,
Ja muß ja,
Nein, muß nein seyn,
O! Abschaum von Neapel

(zu D. Pol. der ihn unterbricht.)

Schweig, oder hol mich der —
(Ach er verdient Nachsicht
Als Tischgenoß und Freund,
Fürwahr, ich kann nicht zornig
seyn.)
Sie sollen einen Vater an mir haben;

(zum Mylord.)

Und vor einen grausamen Feind
Werde ich sie vertheidigen.
O unglückliches Italien

(zu D. Pol. wie oben.)

Wenn dort alle dir ähnlich sind —
Ich bin ganz wüthend —
Eine heillosere Bestie, als du bist
Muß es in der Welt nicht geben.

(geht ab.)

SCENA V.

Milord, e D. Polidoro.

Myl. Che mi tocca a soffrire.
Ma vedranno chi son —

(*vuol partire.*)

D. Pol. Per cagion vostra
Se n'è fuggita: non vi può vedere:
Ama me sol.

Myl. Sareste mai voi nato
Per farmi disperar!

D. Pol. Non crederei,
Il fatto sta, che lei
V'odia, vi burla;

Myl. Chi mi burla:

D. Pol. Quella,
Che apparisce, e sparisce.

Myl. Io non v'intendo,

(*parte.*)

E di sanar i pazzi, invan pretendo.

D. Pol. S'Egli non la finisce io fo un' ec-
cidio
Anzi un Milordicidio,
Ora che se n'andò

(*entra in giardino.*)

L'Elitropia in giardino io cercherò.

Fünfter Auftritt.

Mylord und D. Polidor.

Myl. Was muß ich jetzt nicht erdulden, aber man soll sehn, wer ich bin.

(will abgehn.)

D. Pol. Ihrentwegen ist sie fortgelaufen, sie kann sie nicht ersehn, mich allein liebt sie.

Myl. Sie sind ganz geboren, um mich zur Verzweiflung zu bringen?

D. Pol. Ich hätte es nicht glauben sollen. Die Sache ist die, daß sie sie haßt, und ihren Spaß mit ihnen treibt.

Myl. Wer treibt seinen Spaß mit mir?

D. Pol. Eben die, die bald verschwindet und bald erscheint.

Myl. Ich verstehe sie nicht, ich mag auch nicht der Mann seyn, der alle Narren curirt.

(gehet ab.)

D. Pol. Wenn er es länger so treibt, so begehe ich einen Menschenmord, und noch dazu einen Mylordsmord. Nun da er fortgegangen ist, will ich in den Garten gehn, den Heliotrop zu suchen.

(geht in den Garten.)

G 5   Sechster

SCENA VI.

*Madama, e Livia, che escono
discorrendo.*

Liv. Credimi, cara amica,
    Comincio a respirar in questo loco
    Io stessa l'ho sentito
    Giurar, di voler essermi Marito
Mad. E' ben però di non fidarsi : gli Uomini,
    Sono troppo frabutti.
Liv. E' ver: ma forse
    Ei non è tale — Ah temo
    Più tosto di Miledi,
    Temo del Padre —
Mad. Ed io temo di lui.
    Ah potessi veder cos' hà nel core!
Liv. Or mi lusinga, or m'uccide amore.

SCENA VII.

*D. Polidoro con cappello in mano, ove
sono alcune breccie, che va osser-
vando, e detti.*

D. Pol. Son due — tre, quattro — in tante
    Ce ne farà qualcuna,
    Chi mi farà sparir.

                        Mad.

Sechster Auftritt.

Mad. Brill. und Livia, welche heraus-
kommen und mit einander reden.

Liv. Glauben sie liebste Freundin, hier fang
ich an wieder zu mir zu kommen. Ich
selbst habe ihn schwören hören, daß er
mein Gemahl werden will.

M. Brill. Es ist gleichwohl gut, den Män-
nern nicht zu traun, sie sind Betrüger.

Liv. Es ist wahr, aber vielleicht ist er es nicht.
Ach ich fürchte vielmehr von Seiten des
Mylords, von Seiten seines Vaters —

M. Brill. Und ich fürchte in Ansehung seiner;
Möchte ich ihm doch ins Herz sehen
können.

Liv. Bald schmeichelt mir die Liebe, bald tödtet sie mich.

Siebender Auftritt.

D. Pol. mit dem Huth in der Hand, betrachtet einige Steine und obige Personen.

D. Pol. Da sind deren zwey — drey —
vier — unter so vielen wird doch wohl
einer seyn, der mich unsichtbar macht.

Mad.

Mad. (Cofa conta —
Che fa Don Polidoro? —
Ho intefo: procuriamo
Di non guaftar la burla.)

Liv. Ah quanto è lungo;
                                    (con fmania.)

Quefto giorno crudele!

Mad. Signorina,
                          (piano e tirand. in difpert.)
Quefto è Don Polidoro

Liv. Si: quel pazzo,
Cho cerca di vedermi.

D. Pol. Ho da tenerle
Strette, e ben ftrette in mano nel ca-
                            pello,
O in tafca, o in altro loco
Perdono la virtù, ne fan più gioco.
Ecco là Madamina
                                (vedend Liv.)

Mad. E' femplice
                          (piano come fopra.)

Ma onefto, e affettuofo, fe mai viene
D'intorno a voi, tacete,
Non lo guardate in faccia.

Liv. Non è meglio,
Che partiamo di quà?

Mad. Nò che ci ha vifto:
S' offenderebbe.

                                    D. Pol.

M. Brill. Was giebts dort — was hat
D. Pol. vor? — Oha, nun merke ichs:
still! daß wir den Scherz nicht verder-
ben.

Liv. Ach wie er mir lange wird, dieser grausame Tag.   (mit Affekt.)

M. Brill. Mamsell, das ist D. Polidor?
          (heimlich und sie auf die Seite ziehend)

Liv. Ach ja, der Narre, der mich gern sehen
möchte.

D. Pol. Ich muß sie fest, und zwar recht fest
in der Hand halten. Im Huth oder
in der Tasche, oder an einem andern
Orte verliehren sie ihre Kraft, und machen keinen Spaß mehr. Ach! da ists
Mamsellchen.
          (indem er Liv. ansichtig,)

M. Brill. (heimlich wie oben.) Einfältig ist
er, aber ein ehrlicher und gutherziger
Mensch. Wenn er auch nahe zu Ihnen
kommt, so seyn sie still, und sehn ihn
nicht an.

Liv. Wär' es nicht besser wir giengen hier
          fort?
M. Brill. Nein, er hat uns gesehn, und
möchte es für Beleidigung aufnehmen.
                              D. Pol.

D. Pol. Adeſſo

    (ſi pon. il capel. in cap. tien le piet. ſtre.
      col. man deſt.

Vì provo, o pietre amate

Mad. Non riſpondete mai non lo guardate;
    Il perchè lo ſo io.

Liv. Ebben dunque s'appaghi il tuo deſio.

      (ſegnitando le donne a parlar fra loro.)

D. Pol. Coſpetto! non mi vede:

                (ſi pone a cant.)

    Cariſſima Elitropia! t'ho pur trovata.

    (a mad., eſſa non gli de retta, fing. non ved.)

Mad. E ſe Milord intanto
    Seguitaſſe a tradirvi?

                  (a Liv.)

Liv. Allor ſaprei

    (D. P. intanto ſalta ride per alleg. indi
      s'accoſta a livia.

    Farne giuſta vendetta.

D. Pol. Quant' è bella
    Che vago ſopraciglio!

Mad. State forte.

             (piano a Livia.)

    Come s'ei non ci foſſe.

Liv. L'Italiane

               (a mad.)

    Hanno ſpirito, e corraggio; e poi ſon
             cieca,
    Son pazza per amor.

                    D.Pol.

D. Pol. Nun versuche ich euch, lieben Steine.
(setzt den Huth auf, und hält die Steine fest
in der rechten Hand.)

M. Brill Antworten sie ihm nicht, sehen sie
ihn auch nicht an, ich habe meine Ur=
sachen.

Liv. Nun wohl, ihnen zu Gefallen.
(die Damen reden unter einander fort.)

D. Pol. Vertrackt! sie sieht mich nicht. Lieb=
ster Helitrop, so habe ich dich gefunden.
(setzt sich neben Madam, die es ihm nicht
wehret, indem sie thut, als sähe sie ihn
nicht.)

M. Brill. Wenn unterdessen Mylord fortführe
sie zu verrathen?

Liv. Alsdenn würde ich gerechte Rache zu neh=
men wissen.
(D. Pol. hüpft unterdessen, und lacht für
Freude, nähert sich dann der Livia.)

D. Pol. Vortrefflich! welche schöne Augen=
braunen, welche Nase, welches Münd=
gen. (indem er sie betrachtet.)

M. Brill. Halten sie an sich, thun sie als ob
er nicht da wäre.
(heimlich zu Livia.)

Liv. Die Italienerinnen haben Verstand und
Muth, und dann bin ich ja blind, bin
ja närrisch vor Liebe.
(zu M. Brill.)

D. Pol.

D, Pol. (Che Figlia d'oro,
    Impazzifce per me: fe mi vedeffe,
    Che piacer che ci avria —)
        (*paffando avanti alle medefime.*)
Liv, (Coftui mi fecca.) Amica io vado via.
           (parte.)

SCENA VIII,

Don Polidoro, e *Madama,*

D. Pol. Ehi fermatevi — adeffo
    Mi vedrete — afpettate —
    (*pone in fret. le piet. nel cap., e lo lafcia
        per ter.*
Mad, Come, voi qui Signor, che cofa fate?
         (*affettando maravig.*)
D. Pol, Sono ftato invifibile
    Fin adeffo con voi, fon ftato accanto,
    E'ho girato d'intorno — oh che pia-
        cere.
    Ecco qui l'Elitropia
    Guardate —
    (*riprende il cap., e ftring. di nuovo le brec.*)
Mad. Dove fiete?
D. Pol. Ah che gufto,
Mad, Signor Don Polidoro,
        (*come fopra ponendo,*)
D, Pol. Sono qui,
        (*le di nuovo nel cap.*)
    Le ftringo colla deftra
    Non ci fon più, le metto nel capello
        Compa,

D. Pol. Was vor ein Goldmädchen! sie möchte aus Liebe für mich närrisch werden:
wenn sie mich sehen sollte, was würde sie
nicht vor Freude haben.

(vor ihr vorbeygehend.)

Liv. (Der vexirt mich.) Freundin ich gehe
jetzo. (geht ab.)

Achter Auftritt.

D. Polidor, und Mad. Trillante.

D. Pol. He, warten sie doch — jetzt sollen
sie mich sehn — warten sie.

(legt die Steine hurtig in den Huth, und
setzt ihn auf die Erde.)

M. Brill. Wie? Sie hier, mein Herr, was
machen sie hier?

(sich verwundernd stellend.)

D. Pol. Ich bin unsichtbar, bin jetzt bey
Ihnen gewesen, habe neben ihnen gestanden, und bin herum gegangen — o
welche Lust! Da ist der Helitrop, sehen
sie —

(nimmt den Huth, und hält die Steine fest in
der Hand.)

M. Brill. Wo sind sie?

(thut als ob sie umher sehe.)

D. Pol. O vortreflich!

M. Brill. Don Polidor!

D. Pol. (legt die Steine wie oben in den Huth.)
Hier bin ich. Ich fasse sie in meine
Rechte, und bin nicht mehr da, ich

H   lege

Comparifco di nuovo.

E fenza fare imbroglio,

Apparifco, e fparifco quando voglio,

Mad. O vedete che forte!

D. Pol. Io m'impazzifco.

Ah che bocchin — che nafo — che figura.

Già non ci è più —

(guardando.)

Mad. Non ci è.

D. Pol. Dite alla bella.

Che il cor m'ha trapanato,

Che non s'ammazzi — ch'io, —

Anzi che lei — in fomma tutti e due,

Tutti, e tre fe bifogna —

A difpetto di Londra, e dell'Inglefe,

Ce n'andremo invifibili al Paefe.

Oh che gufto, che piacere!

Oh che fpaffo che farà.

Invifibil colla fpofa.

Colla mia Madmoifelle

In Ovatta, ed in pianelle

Me n'andrò per la Città,

Paffo accanto al creditore,

Non mi vede, ed io vò via,

Paffo inanzi all.efattore,

Non

lege sie in den Huth und erscheine wieder, und ohne Lerm zu machen, verschwinde ich und erscheine nach Gefallen.

M. Brill. Man sehe doch wie wunderbar?

D. Pol. Ich werde noch zum Narren —
Was für ein Mündgen — welche Nase,
welche Gestalt, Nun ist sie nicht mehr da.
(sich umsehend.)

M. Brill. Sie ist nicht hier.

D. Pol. Sagen sie der Schönen, daß sie mir
mein Herz trepanirt hat — daß sie sich
nicht umbringe — daß ich — auch sie —
kurz alle beyde, auch alle drey, wenns
seyn muß, wollen Londen und den Engländer zum Poßen, unsichtbar nach Italien gehen.

O welche Lust, welche Freude!
O welchen Spaß wird es geben!
Unsichtbar mit meinem Braut
Mit meiner Mamsell,
In Schlafrock und Pantoffeln,
Werde ich durch die Stadt gehn.
Gehe bey meinem Gläubiger vorbey,
Er sieht mich nicht, und ich gehe fort;
Ich gehe beym Einnehmer vorbey

Er

Non mi vede, e se ne và —
Meno schiaffi, calci, pugni —
Ziffe, zaffe due floccate,
Pesto gl'occhi, ammacco grugni,
E chi è stato non si sa.
Oh che gusto, oh che diletto!
Che risate, che spassetto!
Oh che gran felicità.

(ambe due par.)

SCENA IX.

Livia, indi Mylord, poi Sumers.

Liv. Cosa farà di me? sento che il core
Mi predice sventure, e involon-
tario
Cade il pianto dagli occhi.
Myl. Livia bella.

(con premura, ed agitaz.)
Mia cara Livia —
Liv. Io vostra, posso crederlo? siete libero
ancor
Myl. Non ancora ma venite
Meco dal Padre mio: forse in vedervi
Finirà di placarsi.
Liv. E dovrebbe fidarsi
Una onesta Donzella
Di venir coll' Amante?

Myl.

Er sieht mich nicht und läßt mich
gehn —

Ich gebe Ohrfeigen, Faustschläge
und Fußstöße,

Puff, Puff, ein paar Stockschläge
Schmeisse den in die Augen und den
auf den Rüssel,

Und wers gethan hat, weiß man nicht,
O! welche Freude, welch Vergnü‐
gen!

Welch Gelächter, welch Späßgen!
O! welche große Glückseligkeit.

(beyde gehn ab.)

Neunter Auftritt.

Livia, Mylord, zuletzt Summers.

Liv. Was soll aus mir werden? ich fühle
daß mir mein Herz Unglück prophezeyt
und unwillkührliche Thränen fallen mir
aus den Augen.

Myl. Schöne Livia, meine geliebte Livia.

(mit heftiger Bewegung.)

Liv. Ich die Ihrige? kann ichs glauben?

Myl. Noch nicht anjetzt, aber kommen sie mit
zu meinem Vater, vielleicht wird er ganz
ausgesöhnt, wenn er sie sehen wird.

Liv. Und sollte wohl ein ehrbares Mädchen wa‐
gen dürfen, mit ihrem Liebhaber zu gehn.

H 3   Myl.

Myl. Ah vieni, o cara;
     Fidati pur di me: vieni, ben mio —
Liv. Scoftati;
Sum. Non temete; ci fon io.
     Quefta Giovine onefta
     Da me dipende.
Myl. E qual dritto avete
     Sopra di lei?
Sum. Quel dritto,
     Che voi perdefte nel lafciarla.
Liv. Oh Dio!
Sum. Venite, non temete,
     Giovane fventurata: una gran Dama
     Savia, nobil, prudente
     Cuftodirvi faprà.

Liv. Si vengo.

Myl. Come!
     Me fuggi, e fegui lui?

Liv. Voi non avete.
     Come Sumers un 'anima onorata —

SCENA X.

Madama in aria mulinconica, e detti,
     e poi guardie.

Mad. Signora non ho cor — fiete arreftata.
Liv.   Io?

                        Myl.

Myl. Ach komm, Liebſte. Verlaß dich auf
mich: komm mein Kind —

Liv. Weg.

Sum. Fürchten ſie nichts; Sie ſehen, hier
bin ich. Dieſes ehrliche Mädchen hängt
von mir ab.

Myl. Und was für ein Recht haben Sie über
ſie?

Sum. Das Recht das ſie verwürkt haben,
indem ſie ſie verlaſſen haben.

Liv. O Gott!

Sum. Kommen ſie, fürchten ſie nichts, unglückliches Mädchen. Eine angeſehene,
verſtändige, edle und kluge Dame wird
ſie in ihren Schutz nehmen.

Liv. Ja ich komme.

Myl. Wie? mich fliehſt du, und ihm folgſt
du?

Liv. Sie beſitzen nicht die edle Seele, die
Summers beſitzt.

Zehenter Auftritt.

Madam, ganz traurig, und die Vorigen,
ſodann Wache.

M. Brill. Mamſell, ich habe nicht Herz genung ihnen — ſie ſind in Verhaft genommen.

Liv. Ich?

H 4   Myl.

Myl. La mia Livia?

(*con gran forprefa.*)

Sum. Oh Cielo!

Mad. Ecco le guardie;
Ch' anno ordin di condurvi —

Liv. Dove? oime! —
Io fra coftoro?

Mad. Rifpettare bifogna
Il comando fupremo

(*malinconica come fopra.*)

Sum. (Di fdegno avvampo.)

Myl. (Impallidifco, e tremo.)

Liv. Le favie, l'innocenti,
L'onorate Zitelle in quefto loco;
Si trattano cosi? —

Sum. O egli, o il Padre;
O Miledi l'affronto han machinato.)

Liv. Tu fei moftro fpietato,
Tu la cagione —

(*a Myl.*)

Myl. Il Cielo
Mi fulmini, fe mai
Quefta crudele iniquità tentai.

Mad. Eh che fiete un fpergiuro,
Un maligno, un indegno.

Sum. (Il Mare; il vento
Mi rapifcan quant'ho, fe non l'uccido.)

Liv.

Myl. Meine Livia?

(mit gröſter Beſtürzung.)

Sum. O Himmel.

M. Brill. Da iſt die Wache, welche Befehl hat ſie mit zu nehmen.

Liv. Wohin? Weh mir! — Ich unter dieſen? —

M. Brill. Dem höchſten Befehl muß man Folge leiſten.

(traurig wie oben.)

Sum. (Ich glühe vor Zorn.)

Myl. Mein Blut erſtarrt und ich zittre.

Liv. Dem verſtändigen, unſchuldigen und ehrbaren Mädchen wird ſo begegnet? —

Sum. (Er, oder ſein Vater oder Mylady haben dieſe Beſchimpfung angeſtellt.)

Liv. Du grauſames Ungeheuer, biſt Schuld —

(zu Mylord.)

Myl. Mag mich der Blitz tödten, wenn mir jemals dieſe grauſame Ungerechtigkeit in den Sinn kam.

M. Brill. O ſie ſind ein Meineidiger, ein Böſewicht, ein Nichtswürdiger.

Sum. (Meer und Winde ſollen mir alle das meinige rauben, wenn ich ihn nicht umbringe.

H 5   Liv.

Liv. *Dunque per un infido*
La libertà perdei ? — Io fra Soldati,
Io per le vie di Londra in mezzo agli
urli
Di vil Popolo ardito,
Me n'andrò come rea, moftrata a dito ?
Mifera me ! — che crudelità — che orrore?
Ma da virtù, da onore
Sento infiammarmi — I lacci dove fono,
Il Giudice dov'è ? tetra, ed ofcura
Carcere a te m'invio,
E tu veglia innocenza al fianco mio.
              (in atto di partire vede Mylord.)
Oimè — tu ancor fei qui ? — tu mi
fpaventi
Più delle mie catene: in queſt' iſtante,
A palpitar ritorno,
E m'avvilifce ingrato,
Il rimorfo crudel d' averti amato.
    Fuggi — che fo — s'arreſta
Il Sangue ne lle vene.
Fù un giorno il caro bene,
E' adeffo il mio terror.

                              Fedel

Liv. Eines Ungetreuen wegen, verliere ich meine Freyheit? Ich sollte unter Soldaten durch die Straßen Londons, mitten durch das Geschrey eines frechen Pöbels gleich einer Verbrecherin geführet werden, und mit Fingern auf mich zeigen lassen? Ich Elende! — welche Grausamkeit! — welch Entsetzen! Aber von Tugend und Ehre fühle ich mich beseelt. Wo ist der Richter? Empfange mich, schwarzes, finstres Gefängniß, und du, Unschuld, wache an meiner Seite. (indem sie fortgehn will, sieht sie Mylord.) Weh mir! du bist noch hier? du bist mir entsetzlicher als meine Ketten: in diesem Augenblick fange ich wieder an zu zittern, und der grausame Vorwurf dich geliebt zu haben, Undankbarer, macht daß ich mir selbst erniedriget scheine.

Fliehe — was mach' ich! — mir stockt
Das Blut in den Adern,
Er sonst mein ganzes Glück,
Ist jetzo mein Entsetzen.

Ach!

Fedel compagna, amico

(a Sumers.)

Ah che patir degg'io

(a Madama.)

Ma rea non parto oh Dio!
Ed innocente è il cor.

Quante fmanie in queft' iftante
Tu mi cofti oh Traditor:
Nel mirarti ingrato amante,
Sento oh Dio mancarmi il cor.

Alme amanti fventurate
Compiangete il mio dolor:
Hò perduto il mio ripofo.
Altra fpeme oh Dio non v'è.

(parte.)

SCENA XI.

Mylord, Sumers, e Madama.

Myl. La feguo — oh Dio! — non poffo —
Son fuor di me —

Mad. Poverà figlia!

Sum. Io faccio
La ficurtà per lei; nò, fra foldati
Non andrà un' innocente,

Di

Ach! meine Freundin, ach mein
Freund,
Gezwungen trenn' ich mich von euch;
Aber ich gehe nicht als Verbrecherin
Und mein Herz ist schuldlos.

Was für Quaalen Verräther
Kostest du mich nicht in diesem Au-
genblicke!
Wenn ich dich ansehe, undankbarer
Liebhaber
Fühl' ich mein Herz zerrissen.

Die ihr die unglückliche Liebe kennt,
Klagt in meinen Schmerzen!
Ich habe meine Ruhe verlohren;
Und jede andere Hofnung ist dahin.

Eilfter Auftritt.

Mylord, Summers, Mad. Brillante.

Myl. Soll ich ihr folgen? — Gott! ich
kann nicht — ich bin ausser mir —

M. Brill. Armes Mädchen.

Sum. Ich stelle Bürgschaft für sie. Nein!
nicht unter Soldaten soll eine unschul-
dige abgeführt werden. Sie soll nicht
fort

Di qui non partirà: voglio ajutarla,
Vò difenderla ognora,
Se m'aveffe a coftar la vita ancora.

(*parte.*)

Myl. Che fulmine, che colpo!
Che tradimento oh Dio gelo d'orrore.

Mad. Ce rto: avete un bel core
Di ftar qui: fe voi fofte
Un mio pari, cofpetto!
Vi vorrei graffiar gli occhi,
A guifa d'un falcaccio;
Per far più brutto quel crudel mo-
ftaccio.

(*parte.*)

SCENA XII.
Mylord.

Myl. Dove diavol! mi trovo
Son Milord Arefping o non fonio?
Placato il Padre mio
Quafi il lafciai — Miledi
Più di me non fi cura: ma l'arrefto —
Quefto arrefto crudel donde mai viene?
Oh fier rimorfo, oh pene;
Penfo — non poffo — fuor di me già
fono.
Nè sò più che mi faccio, o che ragiono.

Van

fort von hier, ich will ihr helfen, ich gehe sogleich sie zu beschützen, sollte es mich auch das Leben kosten.   (geht ab.)

Myl. Welcher Blitz! welcher Schlag! welche Verrätherey, o Gott! mein Blut starrt für Entsetzen.

M. Brill. Gewiß, sie müssen ein schönes Herz haben, noch hier sich sehen lassen zu können: wenn sie meines gleichen wären, Blitz! die Augen wollt, ich ihnen auskratzen wie ein Falke, um das verwünschte Gesicht noch ein bischen häßlicher zu machen.   (geht ab.)

Zwölfter Auftritt.

Mylord.

Myl. Alle Teufel! wo bin ich? — bin ich Mylord Arespingh, oder bin ichs nicht? Meinen Vater verließ ich schon halb versöhnt — Mylady bekümmert sich nicht weiter um mich. — Aber dieser Arrest — von welcher Hand kommt dieser grausame Arrest? O! schreckliche Herzensangst, o Quaalen? Ich denke — ich kann nicht — ich bin schon ganz ausser mir, und weiß nicht mehr, was ich thue oder rede.

Es

Van girando per la tesla
Mille torbidi penfieri.
Ah fon pur funefti, e neri,
Ah mi fanno delirar.
Oh Cielo!
Si, tu fei la cagion di un tanto affanno,
Si detefto per fempre amor tiranno.

    Barbaro amore
    Son difperato.
    Da mille furie
    Son agitato,
    Mi fento in petto,
    Dentro le vene ; —
    Chè mi contrafta;
    Chè mi trattiene.

No, che di Morte non ho timore,
Spiro vendetta ftraggi, e furore.
Voglio, che i rivi di fangue fcorrino,
Vuò fin la cafa mandar in cenere,
Si, vuò, che tutti di me paventino,
Fughino, volino, vadino, corrino
E fino l'Erebo farò tremar.

SCENA XIII.

D. Polidoro, poi Madama.

D.Pol. Che rumore! che chiaffo!
Chi vien, chi và, chi torna.

Uno

Es kreuzen sich in meinem Kopfe
Tausend trübe Gedanken.

Jede traurig, jede Schmerz!

Ach sie machen daß ich rase.

O Himmel!

Ja grausame Liebe, du bist die Quelle
dieses Kummers, und ich verabscheue
dich auf ewig.

Barbarische Liebe,

Ich bin voll Verzweifelung. Mich
quälen tausend Furien. In meinem
Busen, in den Adern empfinde ich—
Ha! wer wagt es, sich mir zu wi-
dersetzen! Wer hält mich zurück!
Nein, ich zittere vor dem Tode nicht,
ich strebe nach Rache, Wuth und
Leichen. Bäche von Blut, sollen vor
mir rinnen, und alles, bis auf das
Haus, will ich in Asche verwandeln.
Ja, Entsetzen soll sie alle überfallen,
Fliehen sollen sie, laufen und davon
eilen, und selbst der Erebus soll vor
mir zittern.

Dreyzehenter Auftritt.
Don Polidor, Mad. Brillante.

D. Pol. Welcher Lerm, welch Getöse. Der
läuft, der geht, der kömmt zurück.

J

Einer

Uno fcende, uno fale —
A poco a poco logreran le fcale:
Mad. Oh affronto! oh ingiuria! in Londra
Quefti torti fi fanno?
D. Poi. Che cos' è?
Mad. Che non fapete niente,
  Che fu arreftata —
D. Pol. Chi?
Mad. La foraftiera.
D. Pol. Sparifca quefta fera
  Anzi fparifca adeffo.
  Che invifibile anch'io le vado appreffo.
Mad. Si crede, che l'arrefto
  Derivi da Milord, ma il generofo
  Sumers, non ha permeffo,
  Che quell' onefta giovane
  Efca da quefta cafa.
D. Pol. Ah è galant' uomo;
  Ma non ride, e fa male.
Mad. Parlò coll' Uffiziale,
  Fè ficurtà per lei,
  Offrì il fuo avere, e la perfona fteffa,
  Per ajutare un'innocente oppreffa.
D. Pol. Bravo, bravo, braviffimo:
  Ma non ride cofpetto! e fa maliffimo
  Quel pazzo di Milord
  E' ftato dunque —
Mad. Si: Milord, o il Padre —
D.Pol. Il Padre, ah lo disfido;
  Adeffo, che ho la pietra al mio co-
    mando
       Vado

Einer geht hinunter, der andere hinauf — nach und nach werden die Treppen durchgetreten seyn.

M.Brill. O Schande, o Beschimpfung. In London geht solch Unrecht vor?

D. Pol. Was giebts?

M.Brill. Wissen sie nichts? — nicht wer arretirt worden.

D.Pol. Wer?

M.Brill. Die Fremde.

D.Pol. Sie mag noch diesen Abend verschwinden. Ich will gleich auch verschwinden. Unsichtbar will ich ihr folgen.

M.Brill. Man glaubt, der Arrest komme vom Mylord, aber der großmüthige Summers hat nicht zugegeben, daß dieses ehrliche Mädchen aus diesem Hause gehe.

D.Pol. Ach er ist ein braver Mann. Aber er lacht nicht und daran thut er übel.

M. Brill. Er sprach mit dem Officier und leistete Bürgschaft für sie, er bot sein Vermögen und sich selbst an, um einer unterdrückten Unschuldigen beyzustehen.

D.Pol. Brav, brav, recht brav! aber er lacht nicht, und daran thut er Unrecht. Dieser Narre von einem Mylord ist also die Ursache —

M. Brill. Ja Mylord, oder sein Vater —

D.Pol. Sein Vater? — O den will ich herausfordern; Jetzt da ich den Stein

zu

Vado di fuga ad arruotare il brando.

Mad. Fermatevi —

(*in atto di partire.*)

D.Pol. Non poſſo;
    Ho tutto il fuoco del Veſuvio addoſſo.

Mad. Ma fermatevi dico,

(*come fopra.*)

D. Pol. Dove ſta
    La bella in concluſione?

Mad. In braccio della ſua diſperazione.

D. Pol. Ah vado ad ammazzarlo.

(*come fopra.*)

Mad. Trattenetevi
    In grazia mia: non voglio
    Che voi vì cimentiate:
    V'amo v'adoro troppo, o luci amate.

D. Pol. Dite a me.

Mad. Dico a voi

D. Pol. E così tardi
    Me lo dite. Sapete qual impegno
    Ho con Madmoiſelle.

Mad. V'amo ancor più di lei, mie luci belle;
    Mio Spoſino —

D. Pol. Spoſino! Oh vedi il diavolo
    In che incaſtro mi ficca.

Mad. Ora ſi penſi
    All'infelice, e poi,
    Idolo bello penſeremo a noi.
    Io voglio a Napoli con voi venire:
    Qualche parola già la ſo dire.
    Napolitana vò farmi affè,

Glo-

zu meinen Befehl habe, fliehe ich, um
mein Schwerd zu schwenken.

(im Begriff zu gehen.)

M. Brill. Halten sie ein.

D. Pol. Ich kann nicht, der ganze Vesuv
brennt mir auf den Rücken.

(wie oben.)

M. Brill. Aber bleiben sie, sage ich.

D. Pol. Wo ist jetzt die schöne Gefangene?

M. Brill. In den Arm der Verzweiflung.

D. Pol. Ach ich gehe ihn zu tödten.

(wie oben.)

M. Brill. Mir zu Gefallen bleiben sie, ich
will nicht daß sie sich wagen.

D. Pol. Mir sagen sie das?

M. Brill. Ihnen.

D. Pol. Und das sagen sie mir zu spät? Wissen sie in was vor Verbindung ich mit
Mamsell stehe?

M. Brill. Ich liebe sie noch mehr, als jene sie
liebt, mein schönes Augenlicht, mein lieber Bräutigam —

D. Pol. Bräutigam? Da seh man wie mir der
Teufel mitspielt.

M. Brill. Jetzt wollen wir an die Unglückliche
und denn, schöner Abgott, an uns denken.
Ich will mit Euch nach Neapel ziehn,
Schon versteh ich von der Sprache
      eines und das andre Wort.
Ich will ganz eine Neapolitanerin
      werden;

J 3   Schö-

Giojello caro me faie speri
Fato d'ammore me faie mori.
Ninno mio bello, caro giojello
Aie da stà sempre vicino a me.

(parte.)

SCENA XIV.

Livia pensierosa dal fondo della Scena,
indi Mylord.

Liv. Ah generoso amico, ah caro Sumers
Quanto ti deggio mai:
In te il sostegno, il gènitor trovai.
Più non si pensi al traditor: si vada
Lungi di quà — empio Milord — ma
                      dove.
Forse alla Patria, al Genitor. Oh Dìo!
Che fier destino è il mio, chi mi consiglia
Chi mi assiste, che fò.
Sumers vedessi almen — gli scriverò.
(s'incam, verso il tavol. per scriv.
poi s'arresta.)

Ma piano — una Donzella

Scrivere a un uomo — non vorrei —
                      quest'uomo

E il mio benefattore: si per lui solo

Sciolta, e libera io son: per lui sol vivo:

Coraggio, ho risoluto; ecco che scrivo.

Liv.

Schöner Juwel, laß mich hoffen;
Das Schicksal der Liebe will mich tödten
Schönes Herz, liebster Juwel
Ach bleibe stets zu meiner Seiten!

(geht ab.)

Vierzehenter Auftritt.

Livia tiefsinnig hinten in der Scene, hernach Mylord.

Liv. Großmüthiger Freund, o lieber Summers, wie viel bin ich dir schuldig! in dir fand ich Stütze und Vater. Hinfort will ich nicht mehr an den Verräther denken. Fern von hier will ich gehn — Liebloser Mylord — Aber wohin? Nach Hause vielleicht zum Vater? O Gott! wie grausam ist mein Schicksal? wer räth mir? wer steht mir bey? was fange ich an? Wenn ich nur wenigstens Summers sehen sollte — ich will an ihn schreiben.

(geht an den Tisch um zu schreiben und hält ein.)

Aber gemach! Ein junges Frauenzimmer an einen Mann zu schreiben — ich möchte nicht — es ist mein Wohlthäter! ja durch ihn allein, bin ich frey und bardenlos, durch ihn allein lebe ich. Nur Muth! ich bin entschlossen: Ja ich will schreiben. (nähert sich dem Tische.)

J 4

Liv. *Caro Amico deh permetti*
Che si spieghi in pochi detti
Questo misero mio cor.
   (va al tavolino nel tempo che scrive,)
 (giunge frettoloso Mil. con foglio in mano indi
 piano s'accosta. ed osserva ciò, che Liv. scrive.)

Myl. *(Caro amico! — oh gelosia.)*
Questo foglio a chi s'invia.
Vò scoprir il nuovo amor.

Liv. *Traditore, o parto, o parti.*
Ogni amor per me finì.   (s'alza.)

Myl. *Io che corsi a liberarti*
Son trattato oh Dio così?

a 2. *Cieco Nume ah per chi mai.*
      (ciascun da se.)
Impiegai gli affetti un dì.

Liv. *Me meschina;*

Myl. *Ecco la grazia,*
Mira indegna come oprai.

Liv. *(A saria possibil mai —)*
  (pensierosa dando una occhiata alla carta.)
Ma l'arresto, ingannatore,
Con qual fronte puoi negar?

Myl. *Vien dal vostro Genitore*
L'imprudente arresto Indegno.
Voi fuggiste, ei pien di sdegno,
Pensa il torto a vendicar.

Liv. *E Miladi?*

          Myl.

sche.) Erlauben sie, liebster Freund, ih=
nen mit wenig Worten, mein armes
Herz zu entdecken;

(während daß sie schreibt kommt Mylord eilig
mit einem Blat in der Hand, darauf nähert
er sich leise, und sieht was Livia schreibt.)

Myl. (Lieber Freund! — o Eifersucht)
An wem soll der Brief? die neue
Liebe muß ich wissen.

Liv. Verräther! entfernen sie sich, oder
ich gehe, für mich ist jede Liebe da=
hin   (steht auf.)

Myl. Ich, der ich herbeygeeilt bin, dich zu
befreyn, werde o Gott! also aufge=
nommen?

a 2. Blinde Gottheit! Ach, wem hab' ich
meine Zärtlichkeit geweiht.

Liv. Ich Unglückliche!

Myl. Hier ist die ausgewürkte Befreyung;
siehe Unwürdige, wie ich gearbeitet
habe.

Liv. (Ach sollte es möglich seyn!) (wirft
tiefsinnig einen Blick aufs Pappier.)
Aber der Arrest, Betrüger, mit wel=
cher Stirne kanst du ihn läugnen?

Myl. Von deinem Vater kommt, der un=
kluge, unwürdige Arrest; du flohst, und
voll Zorn will er den Streich rächen.

Liv. Und Mylady?

J 5   Myl.

Myl. *La difprezzo.*

Liv. *Voftro Padre?*

Myl. *E' già placato.*

Liv. *Ah perdono, o Spofo amato* —

Myl. *Voftro Spofo un infedele*
(in atto di partire.)
V'ingannate io me ne vò.

Liv. *Ferma o Dio! ferma crudele* —
Me infelice cofa fò.

Myl. a 2. *Non ti fento* — *ahi fier tormènto!*
No lafciarla oh Dio non fò.

Liv. *Milord* — (con tenerez chiamand.)

Myl. *Andate, andate.*
Il foglio terminate.

Liv. *Caro Milord* — (s'accofta inginocchiad.

Myl. (*Oh Dio!*)

Liv. *Nemico io vi credea,* (affettuofa.)
A un difenfor fcrivea,
Voi mi fprezzate — *addio* (alzandofi.)
Di fmania io morirò. (in atto di par.)

Myl. (*Ah chi può mai refiftere*)
Livia —

Liv. *Crudele* —

Myl. *Uditemi.*
(con tenerezza.)

Liv. *Perchè mi richiamate ?*

'Myl.'

Myl. Ich verachte sie

Liv. Ihr Vater?

Myl. Ist schon versöhut.

Liv. O! um Verzeihung bitt ich dich, geliebter Bräutigam.

Myl. Ich der Bräutigam einer Ungetreuen? Ihr betrügt euch, ich gehe.

(Im Begrif fortzugehn.)

Liv. Bleibe, o Gott! bleibe, Grausumer; (ich Unglückliche was fange ich an?)

Myl. a 2. Ich liebe dich nicht mehr —

Ach grausame Quaal —

Nein o Himmel! ich kann sie nicht lassen

Liv. Mylord —   (mit Zärtlichkeit.)

Myl. Geht, geht, endigt euren Brief.

Liv. Liebster Mylord. (fällt vor ihm nieder.)

Myl. (O Gott.)

Liv. (liebreich.) Ich hielt sie vor meinen Feind und schrieb darum an einen Beschützer — Sie verachten mich? — Leben sie wohl (aufstehend.) Meine Verzweiflung wird mich tödten.

(im Begrif fortzugehn.)

Myl. Ach! wer kann widerstehen?) Livia!

Liv. Grausamer.

Myl. Hören sie mich an. (mit Zärtlichkeit.)

Liv. Warum rufen sie mich zurück?

Myl

Myl. *Per dirvi, o luci amate,*
Che ognor vi adorerò.

Liv. *Nò non lo credo ancor —*

Myl. *Credilo a questa mano*

(si danno la deftra.)

a 2. *Oh fospirata in vano*
Deftra ch' io ftringo al cor,

a 2. *Che lieti momenti! che! dolci contenti!*
Del barbaro fato ceffato il rigor.

(par.)

SCENA ULTIMA.

Sumers, *Don Polidoro, Madama,*
indi tutti.

Sum. **T**olto è l'arrefto, è libera
La Fanciulla, fi cerchi, fi conduca
Fuori di quà — Ma in tanto
Milord andrà impunito? Ah non fia
mai
Tutto l'Abiffo ho in feno;
Spiro rabbia, furor, ftragi; e veleno.
Giurai di vendicarmi
Vedrà, vedrà chi fono.
Non merita perdono —
Dite Milord ov'è.

(vedendo comparir D. Pol.)

D. Pol. *Lo vado anch'io cercando:*
Che ho in tafca un certo arcano. —

Con

Myl. Um ihnen zu sagen geliebtes Leben,
daß ich sie ewig anbete.

Liv. Nein, noch glaube ichs nicht —

Myl. Glaube es dieser meiner rechten Hand.
(sie geben sich die rechte Hand.)

a 2. O lange vergeblich erseufzte
Rechte Hand, die ich an mein Herz
drücke.

a 2. Welche fröhliche Augenblicke! welche süße Freuden!
Die Härte des grausamen Schicksals
hat aufgehört. (gehn ab.)

Letzter Auftritt.

Summers, D. Polidor, M. Brillante,
hernach alle.

Sum. Der Arrest ist aufgehoben, das Mädchen ist frey! man suche sie, man führe sie
hinweg, von hier! — Solls aber unterdessen dem Mylord so ungestraft ausgehn?
nimmermehr! ich fühle die ganze Hölle in
mir. Ich athme Zorn, Wuth, Mord u. Gift.
Ich habe geschworen mich zu rächen. Er
soll sehn, wer ich bin. Er verdient nicht
Vergebung. Sagt wo ist Mylord.
(indem er den D. Pol. kommen sieht.)

D. Pol. Auch ich suche ihn. Ich habe ein
grosses Geheimniß in der Tasche — ver-
mittelst

    Con una pietra in mano —
    Basta, il segreto è in me.
Sum. *Son l'armi vostre i sassi.*
D. Pol. *Vò fare un precipizio;*
Sum. *Giudizio, via Giudizio —*
D. Pol. *La solita parola*
Sum. *Saprò colla pistola*
    Farlo avvilire affè.
D. Pol. *(Non sà dell' Elitropia,*
    Tutto non sa il perchè.)
Mad. *Ah che piacer è il mio —*
    Milord, Livietta oh Dio.
    Lasciatemi, lasciatemi,
    Tutto vi narrerò.

                        (parte.)

D. Pol. *Cos' hà di che ragiona.*
Sum. a 2. *Se questa è nuova buona*
    Perchè non terminò.
Mad. *Ah l'hò veduto adesso —*
    Ciascuno hà il core oppresso —
    Che sian pur benedetti.
    Che affetti, oh Dio, che amor.

                   (parte di nuovo.)

Sum. *Ma quì non si fà niente*
D. Pol *Precipitevolmente —*
    Vo togliermi d'affanno:
a 2. *E quel che gli altri sanno,*
    Voglio saper ancor

              (partono per diverse parti.)

Myl. *Deh partiam da questo loco.*

                            Liv.

mittelst eines Steines in meiner Hand-
Genug, ich weiß das Geheimniß.

Sum. Sind Steine eure Waffen?

D. Pol. Ich will etwas thun.

Sum. Nachdenken, Nachdenken!

D. Pol. Das gewöhnliche Wort.

Sum. Mit einer Pistole will ich ihn ganz
vernichten.

D. Pol. Er weiß nichts von Helitrop, er
weiß nichts, warum?) —

M. Brill. Ach! wie groß ist meine Freude,
Mylord, Livia, o! Gott, laßt mich,
laßt mich, ich will euch alles erzehlen.

(geht:)

D. Pol. Was hat die? Wovon spricht sie?

Snm. a 2. Wenn sie eine gute Nachricht hat,
Warum erzehlt sie nicht aus?

M. Brill. Ach, ich hab es jetzt gesehn. Jedes
hat das Herz ganz voll. Segne sie
der Himmel, welche Liebe!

(geht wieder.)

Sum. Aber hier weiß man von nichts.

B. Pol. Geschwinde — ich will den Kum-
mer ein Ende machen.

a 2. Und was die andern wissen
Will ich auch wissen.

Myl. Machen sie, lassen sie uns von diesem Orte wegeilen!

Liv.

Liv. *Voglio pria falutar tutti:*
Pur non parto ad occhi afciutti:
La mia cara Madamina
Mi difpia e di lafciar.

Myl. *(Quanto è grata, ed amorofa:*
Oh che fpofa fingolar.)

Sum. *Dunque è onefto, ed innocente.*

(a Mad.)

Mad. *E' un Signor, che non ha eguale.*

Sum. *Ah Mylord manco male:*
Voglio ftringervi al mio petto

(l'abbraccia.)

a 2. *Caro Amico io vi rifpetto:*
Vì dò un fegno d'amiftà.

Liv. *Il mio core pien d'affetto*

(a Sum.)

Come Padre vi amerà.

Mad. *Voi Miledi mi lafciate?*

Liv. *Sarai fempre amica mia.*

a 2. *Prego il Cielo che vi dia*
Le maggior felicità.

D. Pol. *(Voglio fcoprir, cos' è;*
Voglio invifibil farmi,
Poi voglio avvicinarmi.
Lafcin pur fare a me.)
(cerca in tafca le pietre, e fe le pone in
mano, chiamandoli tutti tre parla loro
con voce baffa.

Mad.

Liv. Ich will erst von allen Abschied nehmen. Und gleichwohl gehe ich nicht
mit trocknen Augen weg; Liebe Ma-
riane, ich bin betrübt, sie verlassen
zu müssen.

Myl. (Wie dankbar und liebreich ist sie
nicht. O! welche seltne Braut.

Sum. Er ist also redlich und unschuldig?
(zu Mad. Brill.)

M.Brill. Er ist ein Herr, der seines gleichen nicht hat.

Sum. Ach Mylord ich habe mich geirrt,
lassen sie mich Sie davor an meine
Brust drücken.   (umarmt ihn)

a 2. Lieber Freund, ich verehre sie, und
ich gebe ihnen einen Beweis von
Verzeihung.

Liv. Mein mit Liebe erfülltes Herz, soll sie
wie einen Vater lieben. (zu Summers.)

M.Brill. Sie Mylord, verlassen mich nun?

Liv. Meine Freundin sollst du immer bleiben.

a 2. Ich bitte den Himmel daß er euch mit
dem grösten Glücke kröne.

O.Pol. Ich will entdecken was es giebt? ich
will mich unsichtbar machen und mich
ihnen nähern. Laß mich nur machen.
(sucht die Steine in der Tasche und hält sie
in der Hand. Brillante ruft alle drey und redet heimlich zu ihnen.)
                K   M.Brill.

Mad. *Zitti. è D. Polidoro,*
    Ch' ha in testa la pazzia,
    Di rendersi invisibile :
    Se vien non gli parliamo,
    Fingiam, ch' ei non ci sia ——
    Oh quanto egli è godibile,
    Crediatemi è un piacer.

a 4. *Ridiamo, sì godiamo:*
    E' tempo di goder.

D. Pol. *Va bene: non mi vedono:*
    (sotto voce venendo innanzi guardando
    tutti uno dopo l'altro, e girando attor.)
    Ah cara, mia Proserpina.
    Ed or perchè non parlano
    Che voglia di tacer.

a 4. *Come non farsi scorgere :*
    Oh andatevi a tener.
        (sottovoce, e ridendo tutti quattro,
        ciascun da se.)

D. Pol. *Diavolo! come ridono!*
    Mylord adesso schiatta.
    Ma quì di che si tratta?
    Che cosa stanno a far?
        (guardando e Donl.)

a 4. *Oimè che dal gran ridere*
    Io più non posso star.
        (sottovoce come sop.

                         D. Pol.

M.Brill. Still es ist D. Polidor, der je
Narrheit im Kopfe hat, sich unsich,
bar zu machen. Wenn er kommt, wol
len wir nicht mit ihm reden, sondern
thun als ob er nicht da wäre. Glau
ben sie mir, es ist eine Lust mit dem
Menschen.

a4. Wir wollen lachen und uns freuen.
Jetzt ist die Zeit zur Freude da.

D. Pol. Das geht gut; sie sehn mich nicht.
(heimlich indem er einen nach dem andern
ansieht und herum spaziert.)

Ach Geliebte; meine Proserpine
Welches Verlangen zu schweigen.

a4. Wie soll man sich nicht entdecken
Enthaltet euch, wann es möglich ist.
(heimlich und alle viere lachen, jeder
vor sich.)

D.Pol. Teufel! wie sie lachen! Mylord ist
jetzt lustig. Aber wovon wird hier ge
handelt? Was machen sie?
(sieht die Damen an.)

a4. O vor grossen Lachen
Kann ich nicht mehr stehn.
(heimlich wie oben.)

D. Pol. *Cospetto! almen crepassero.*
Che modo di trattar.

4. *Oh pazzo, che voi siete;*

(forte.)

Se voi quì ci vedete,
Noi vi vediamo ancor.

D. Pol. *Oimè l'incanto è rotto:*
Ahi l' Elitropia è andata:

(disperandosi.)

L'ho fatta la frittata:
Ah tu sei stato amor.

Mad. *Io fui, che vi burlai;*
Lo scherzo è tutto mio;
Scherzai col labro, oh Dio!
Ma fù sincero il cor,

Myl. *(Madama vi vuol bene.*

Sum. *(Sposarla sì conviene.*

Liv. *(Ne farla più penar.*

D. Pol. *Ma s' Errichetta è quella —*

Mad. *Lei di Mylord è Sposa.*

D. Pol. *Brava; una bella cosa:*
Sempre rinchiusa, e sola —
Vien quà, vien quà figliola;
Ti voglio consolar.

(a Mad. le dà la mano.)

Sum. *Giudizio, amico —*

D. Pol.

D.Pol. Verwünscht! Ich wollte daß sie krepieren müsten, welche Art sich aufzuführen.

a 4. O ihr Thor
Wenn ihr uns seht,
Sehen wir euch auch.

(stark.)

D.Pol. O weh! der Zauber ist weg. Der Helitrop ist fort. Nun, hab' ichs schön getroffen. Ach Liebe, du bist's gewesen.

M.Brill. Ich war's, ich spaßte mit euch. Der Spaß kommt lediglich von mir. Ich scherzte mit den Lippen, aber o Gott, das Herz war aufrichtig.

Myl. Madame ist ihnen gut.

Sum. Sie müssen sie heirathen.

Liv. Und nicht länger leiden lassen.

D.Pol. Wenn nun aber Errichette die ist —

M. Brill. Sie ist die Braut des Mylords.

D.Pol. Brav. Eine schöne Sache!
Immer verschlossen und allein —
komm her Töchtergen; ich will dich trösten.

(giebt Mad. die Hand.)

Sum. Freund, Nachdenken!

D. Pol. *Il Diavolo*
    Ti possa soffocar..
a 4. *Oimè che del gran ridere*
    Io più non posso star.

TUTTI.

  Che giorno di contento!
  Che giorno d'allegria.
  Vengan qui Trombe, e Cetere,
  S' oda una Melodia;
  E l'Italiana in Londra
  Si senta celebrar.

Fine secondo Atto.

D. Pol. Hol dich der Teufel.
     O! vor vielen Lachen
a 4. Kann ich nicht mehr stehn.

Alle.

Welcher frohe Tag!
Welcher Tag voll Freude.
Man bringe Zitter und Trompeten
Man höre eine Melodie
Und die Italienerin in London
Sehe sich gepriesen!

Ende des zweyten Akts.